어휘 방망이로 문해력을 뚝딱!

생각디딤돌

*어휘력 : 어휘를 마음대로 부리어 쓸 수 있는 능력.
*독해력 : 글을 읽고 이해하는 능력.
*문해력 : 혼자 읽고 이해하고, 생각할 수 있는 능력.
　　　　 경제개발협력기구(OECD)에서 정의한 문해력은 읽고 이해하는 것 이외의 기능.
　　　　 글을 이해하고, 평가하고, 사용하고, 글로 소통하는 능력으로 정의.
　　　　 즉 글을 읽고, 이해하고 사용할 줄 아는 능력.

**문해력을
초등학교
저학년부터
길러야 하는 이유**

1. 초등학교 시기는 '공부 머리 뇌'로 알려진 전두엽이 폭발적으로 발달한다. 이때 문해력을 기르지 않으면 기억력과 사고력을 담당하는 전두엽이 활성화되지 않기 때문에 당연히 공부 효율이 떨어질 수밖에 없다.
2. 글을 읽고 이해하고 사용하는 것이 공부의 기본이자 전부이다. 즉 문해력이 뒷받침되지 않으면 공부를 시작조차 할 수 없다. 문해력이 부족하면 학습에서 불리할 수밖에 없다.
3. 문해력을 길러놓지 않으면 장래 할 수 있는 일이 없다. 무슨 일을 하건 창의력이 필요한데 문해력의 능력이 없다면 새로운 생각, 새로운 능력을 발휘하기 어렵다.
4. 학습 어휘를 제대로 이해하지 못하면 문해력의 발전은 기대하기 어렵다. 문해는 어휘를 기본으로 하기 때문이다.

**2학년을
문해력 발달의
골든 타임으로 보는
이유**

1. 3학년부터는 본격적인 학습을 위한 읽기가 시작된다.
2. 초등 3학년부터는 교과목 수가 늘어나는 데다 내용도 어려워진다. 당연히 고급 어휘들이 다양하게 등장한다.
3. 2학년까지 아이들이 해독을 어려워한다면 학년이 올라갈수록 기초 학력 부족이 누적되면서 학습 격차가 더욱 벌어질 수밖에 없다.
4. 초기 문해력을 갖추지 못한 아이들은 공부의 기초 체력이 허약해 공부에 대한 자신감을 쉽게 잃어버릴 수 있다.

5. 아이의 학습 능력을 높이고 싶어서 학원에 보내지만 별 효과를 못 얻는 이유는 학습 격차의 주요 원인이 문해력 격차 때문이다.
6. 초등 2학년까지 문해력 기초를 탄탄하게 다져놓지 않으면 3학년부터는 문해력 격차이든 학습 격차이든 따라잡는 것이 더욱 어려워진다.

---

1. 문해력 수준이 낮으면 학습 기회를 상실하고 학습 의욕 저하로 이어진다.
2. 글 읽기의 양이 감소하는 결과를 낳는다.
3. 아이 스스로 글을 못 읽는다며 자포자기하게 되고 공부에 대한 의욕마저 잃어버린다.
4. 어렸을 때 필요한 문해력 시기에 읽기 능력을 적절하게 발달시키지 못하면 문해력 격차가 발생하는데, 한 번 격차가 벌어지면 그 격차가 점점 더 커지게 된다. 잘 읽는 아이는 더 잘 읽고, 못 읽는 아이는 점점 더 뒤처질 수밖에 없다.
5. 학습도구어는 일상에서 사용되는 어휘와는 구별된다. 문해력이 뒷받침 되어야 교과서에 등장하는 학습도구어 의미를 이해할 수 있다.

---

1. 수능 만점자 30명 중 90%에 해당하는 학생들의 특징은 어려서부터 꾸준히 독서를 했다는 점이다. 그 결과 글 읽는 속도가 빨라져서 교과서나 참고서의 내용을 빨리 읽고 이해할 수 있게 되었다. 그러므로 모든 아이가 동일한 출발선에서 문해력 실력의 기초를 다질 수 있게끔 해야 한다.
2. 수많은 아이가 초등 입학 전부터 조기 교육을 시작해 초, 중, 고등학교 12년 내내 여러 학원을 전전하거나 족집게 학원을 찾지만, 만족할 만한 결과를 얻지 못하는 이유는 문해력 향상이 가장 효과적인 학습 방법이라는 사실을 모르기 때문이다.

이 책의 구성과 특징

독일의 심리학자 헤르만 에빙하우스의 망각곡선을 활용한 반복 학습

내 아이를 명문대를 보낼 수 있는 가장 쉽고 빠른 방법
일타 강사를 찾을 것이 아니라 문해력부터 키워 주세요!

1 〈낱말 뜻을 이해하고 낱말의 쓰임을 완벽하게 익혀볼까요?〉

교과서에 나오는 중요 어휘를 선정하여 ①뜻을 설명하고, ②교과서 내용을 예문으로 적어 낱말을 이해하게 한 뒤에 ③낱말 따라 쓰기를 반복하고, ④낱말에 맞는 문장을 따라 쓰고, 그런 뒤에 ⑤짧은 글짓기를 통해 낱말을 완전히 익히도록 했어요. (하나의 어휘를 5~10회 이상 반복 학습)

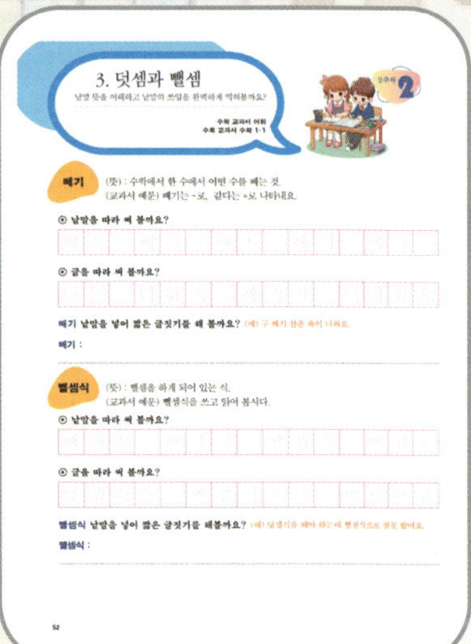

2 〈더 해보아요〉 앞에 배운 낱말을 다시 한번 배우고 익히도록 했어요.

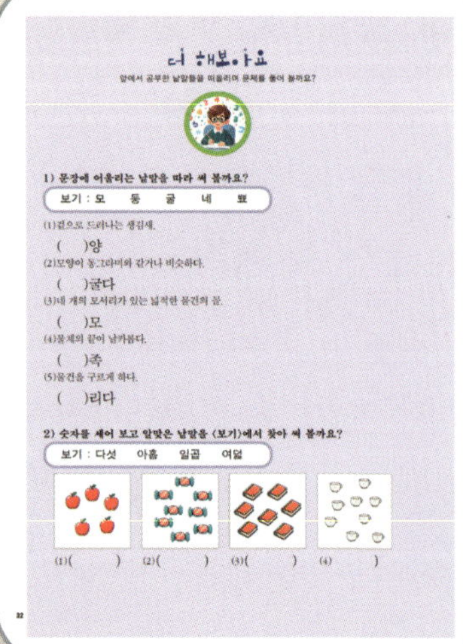

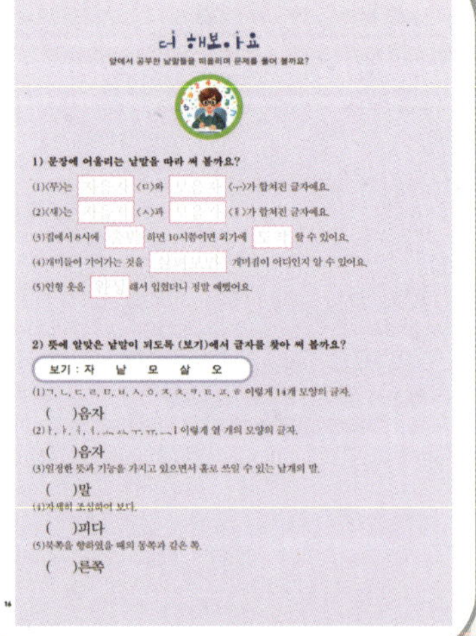

3 〈받아쓰기를 해보아요〉 앞에서 배운 단어를 떠올리며 받아쓰기를 해보도록 했어요.

4 〈어린왕자와 사막여우를 만나러 가요〉

어린왕자와 사막여우가 등장하여 그 단원에 나온 낱말을 인용한 재미있는 이야기를 나누어요. 끝부분의 (나도 작가)에서는 어린왕자와 사막여우가 주고받았을 이야기를 상상하여 써 보는 거예요.

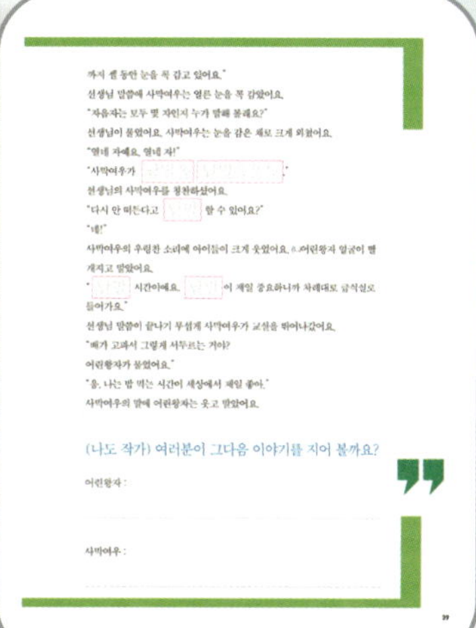

5 〈독해 실력이 쑥쑥쑥〉 앞의 어린왕자와 사막여우의 동화로 독해 실력을 기르도록 했어요.

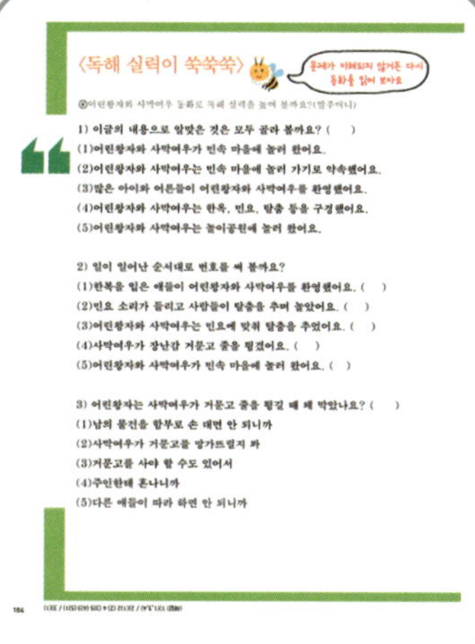

6 〈문해 실력이 쑥쑥쑥〉 앞의 어린왕자와 사막여우의 동화로 문해 실력을 기르도록 했어요.

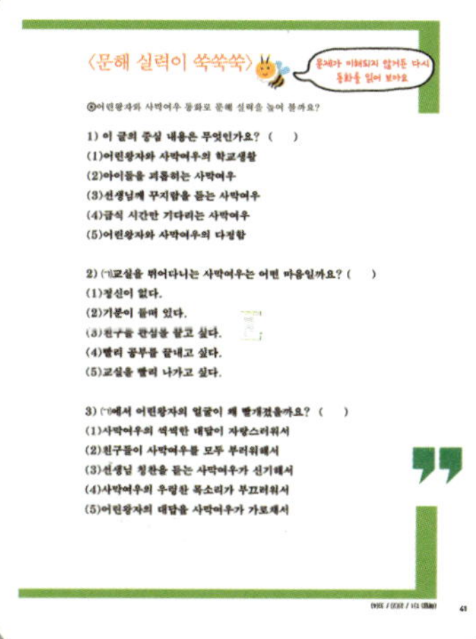
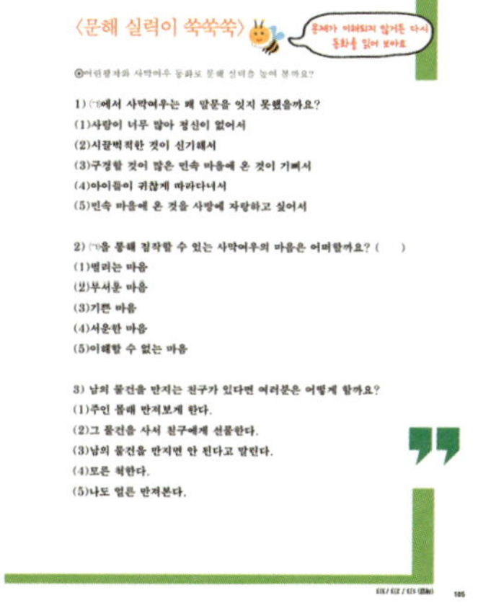

● 단순한 글자 반복 쓰기가 아닌 최소 10여 회 이상 다양한 방법을 통해 지루하지 않고 재미있게 어휘를 익힐 수 있도록 꾸몄어요.

● 찾아보기 : 초등 1학년 2학기 교과서에 나오는 어휘를 과목별로 나누어서 ㄱ~ㅎ 순서대로 정리했어요.

교과서 수업 목록

이 책은 초등 1학년 2학기 교과서

『국어』『수학』『하루』『약속』『상상』

『이야기』에 수록된 어휘 중에 중요 어휘를

선별하여 반복 수업을 하도록 했습니다.

국어

교과서 1. 기분을 말해요
이 책 1주차 1회 12~15쪽

교과서 2. 낱말을 정확하게 읽어요
이 책 1주차 3회 24-27쪽

교과서 3. 그림일기를 써요
이 책 2주차 1회 44-47쪽

교과서 4. 감동을 나누어요
이 책 2주차 3회 56-59쪽

교과서 5. 생각을 키워요
이 책 3주차 1회 76-79쪽

교과서 6. 문장을 읽고 써요
이 책 3주차 3회 88-91쪽

교과서 7. 무엇이 중요할까요?
이 책 4주차 1회 108-111쪽

교과서 8. 느끼고 표현해요
이 책 4주차 3회 120-123쪽

수학

| 교과서 | 1. 100까지의 수 |
| 이 책 | 1주차 2회 18-19쪽 |

교과서 **2.** 덧셈과 뺄셈(1)
이 책 1주차 2회 20-21쪽

교과서 **3.** 모양과 시각
이 책 2주차 2회 50-53쪽

교과서 **4.** 덧셈과 뺄셈(2)
이 책 3주차 2회 82-83쪽

교과서 **5.** 규칙 찾기
이 책 3주차 2회 84-85쪽

교과서 **6.** 덧셈과 뺄셈(3)
이 책 4주차 2회 114-117쪽

하루 · 약속 · 상상 · 이야기

교과서 **하루**
이 책 1주차 4회 30-33쪽

교과서 **약속**
이 책 2주차 4회 62-65쪽

교과서 **상상**
이 책 3주차 4회 94-97쪽

교과서 **이야기**
이 책 4주차 4회 126-129쪽

이 책의 차례

1주차

회	교과목		교과서 수록 어휘	이 책 페이지	교과서 페이지
1회	국어 교과서 어휘	1. 기분을 말해요	흉내 내는 말, 평소, 마음, 바뀌다, 기분을 나타내 말	12	18~20
			뿌듯하다, 솔직하다, 방법, 역할놀이, 정하다	14	111~118
			더 해보아요	16	
2회	수학 교과서 어휘	1. 100까지의 수	육십 예순, 칠십 일흔, 팔십 여든, 구십 아흔, 백	18	17~27
		2.덧셈과 뺄셈(1)	짝수, 홀수, 세 수, 쌓다, 덜다	20	32~39
			더 해보아요	22	
3회	국어 교과서 어휘	2. 낱말을 정확하게 읽어요	박물관, 관람하다, 겹받침, 공통, 채우다	24	35~49
			대단하다, 글쓴이의 생각, 제목, 인물, 짐작하다	26	50~65
			더 해보아요	28	
4회	하루 교과서 어휘	하루	하루, 뜨다, 지다, 노랫말, 건강하다	30	8~26
			꾸준하다, 거르다, 골고루, 마무리, 소중하다	32	27~87
			더 해보아요	34	
			받아쓰기를 해보아요	36	
			어린왕자와 사막여우를 만나러 가요	38	
			독해력이 쑥쑥쑥	40	
			문해력이 쑥쑥쑥	41	

2주차

회	교과목		교과서 수록 어휘	이 책 페이지	교과서 페이지
1회	국어 교과서 어휘	3.그림일기를 써요	경험, 제대로, 말끝, 주말, 또박또박	44	80~85
			여럿, 기억, 그림일기, 차례대로, 해당	46	86~108
			더 해보아요	48	
2회	수학 교과서 어휘	3. 모양과 시각	지키다, 스스로, 세모, 동그라미, 시	50	62~72
			시각, 모형, 가리키다, 짧은바늘, 긴바늘	52	72~74
			더 해보아요	54	
3회	국어 교과서 어휘	4. 감동을 나누어요	생각하다, 신기하다, 서두르다, 시간을 나타내는 말, 큰따옴표	56	116~123
			작은따옴표, 행동, 몸짓, 등장인물, 감동적	58	123~209
			더 해보아요	60	
4회	약속 교과서 어휘	약속	권리, 차별, 배려하다, 에너지, 분리배출,	62	9~29
			환경보호, 평화, 존중하다, 안전 수칙, 폭력	64	38~76
			더 해보아요	66	
			받아쓰기를 해보아요	68	
			어린왕자와 사막여우를 만나러 가요	70	
			독해력이 쑥쑥쑥	72	
			문해력이 쑥쑥쑥	73	

3주차

회	교과목		교과서 수록 어휘	이 책 페이지	교과서 페이지
1회	국어 교과서 어휘	5. 생각을 키워요	흥미, 관심, 백성, 획, 방향	76	146~150
			세종대왕, 한자, 자유롭다, 추천하다, 독서	78	151~172
			더 해보아요	80	
2회	수학 교과서 어휘	4. 덧셈과 뺄셈(2)	줄이다, 남김없이, 옮기다, 합, 차	82	84~103
		5. 규칙찾기	규칙, 꾸미다, 체험, 생활, 반복	84	106~117
			더 해보아요	86	
3회	국어 교과서 어휘	6. 문장을 읽고 써요	발견, 발명, 위대하다, 일회용품, 함께	88	182~187
			경주, 땋다, 번갈아, 새하얗다, 반대말	90	204~212
			더 해보아요	92	
4회	상상 교과서 어휘	상상	얼마든지, 태어나다, 딱딱하다, 단단하다, 동그랗다	94	14~34
			거꾸로, 괜스레, 막무가내, 독차지, 변신	96	48~53
			더 해보아요	98	
			받아쓰기를 해보아요	100	
			어린왕자와 사막여우를 만나러 가요	102	
			독해력이 쑥쑥쑥	104	
			문해력이 쑥쑥쑥	105	

4주차

회	교과목		교과서 수록 어휘	이 책 페이지	교과서 페이지
1회	국어 교과서 어휘	7. 무엇이 중요할까요?	설명, 접다, 조립하다, 독도, 본뜨다	108	214~223
			철석같이, 당황하다, 조마조마, 대화, 간추리다	110	225~237
			더 해보아요	112	
2회	수학 교과서 어휘	6. 덧셈과 뺄셈(3)	권, 모두, 수만큼, 계산, 결과	114	126~133
			틀리다, 식, 차근차근, 꽂다, 표지판	116	137~150
			더 해보아요	118	
3회	국어 교과서 어휘	8. 느끼고 표현해요	쪽지, 낭송하다, 까닭, 감상하다, 비슷하다	120	245~264
			들르다, 우연히, 어색하다, 먼저, 정지	122	268~274
			더 해보아요	124	
4회	이야기 교과서 어휘	이야기	소원, 계획, 어깨동무, 어깨춤, 속상하다	126	20~42
			무대, 인형극, 공연, 맞추다, 맞잡다	128	48~62
			더 해보아요	130	
			받아쓰기를 해보아요	132	
			어린왕자와 사막여우를 만나러 가요	134	
			독해력이 쑥쑥쑥	136	
			문해력이 쑥쑥쑥	137	

찾아보기 : 국어 교과서 어휘 / 140-141페이지
수학 교과서 어휘 / 142페이지
하루 · 약속 · 상상 · 이야기 교과서 어휘 / 143페이지

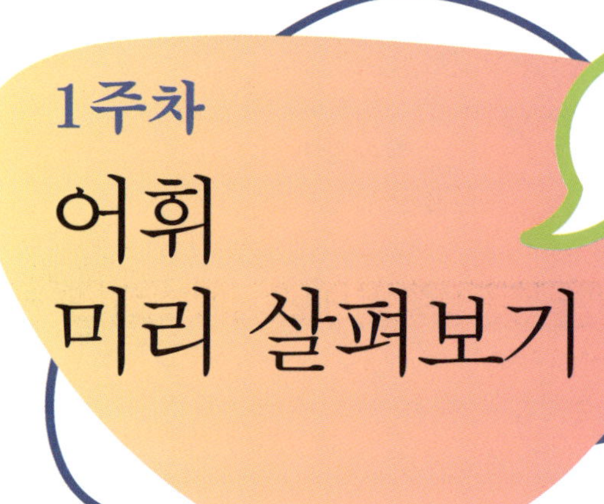

교과서 어휘력이 문해력의 시작이다!

- 한글의 어휘력 · 독해력 · 문해력을 그만 무시!
- 어휘력 · 독해력 · 문해력 실력은 모든 학업의 기본!
- 어휘력 · 독해력 · 문해력을 해결하려면 낱말 반복 복습부터 시작!
- 초등학교 교과서의 어휘력 · 독해력 · 문해력 해결은 명문대 입학의 지름길!

1회
국어 교과서 어휘

흉내 내는 말 / 평소 / 마음 / 바뀌다 /
기분을 나타내는 말 / 뿌듯하다 / 솔직하다 /
방법 / 역할놀이 / 정하다

공부한 날 (　　)월 (　　)일

2회
수학 교과서 어휘

육십, 예순 / 칠십, 일흔 / 팔십, 여든 /
구십, 아흔 / 백 / 짝수 / 홀수 / 세 수 / 쌓다 /
덜다

공부한 날 (　　)월 (　　)일

3회

국어 교과서 어휘

박물관 / 관람하다 / 겹받침 / 공통 / 채우다 / 대단하다 / 글쓴이의 생각 / 제목 / 인물 / 짐작하다

공부한 날 (　)월 (　)일

4회

하루 교과서 어휘

하루 / 뜨다 / 지다 / 노랫말 / 건강하다 / 꾸준하다 / 거르다 / 골고루 / 마무리 / 소중하다

공부한 날 (　)월 (　)일

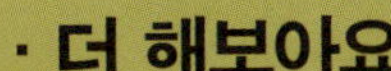

· 더 해보아요
· 받아쓰기를 해보아요
· 어린왕자와 사막여우를 만나러 가요
· 독해력이 쑥쑥쑥
· 문해력이 쑥쑥쑥

1. 기분을 말해요

낱말 뜻을 이해하고 낱말의 쓰임을 완벽하게 익혀볼까요?

국어 교과서 어휘
수록 교과서 국어 1-2㉮

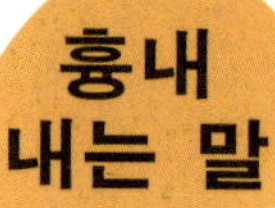

흉내 내는 말

(뜻) : '짹짹', '반짝반짝' 등과 같이 소리나 모양을 나타내는 말.
(교과서 예문) 흉내 내는 말을 넣어 다음 장면에 대해 이야기해 봅시다.

⊙ **낱말을 따라 써 볼까요?**

| 흉 | 내 | | 내 | 는 | | 말 | | 흉 | 내 | | 내 | 는 | | 말 |

⊙ **글을 따라 써 볼까요?**

| 흉 | 내 | | 내 | 는 | | 말 | 은 | | 참 | | 재 | 밌 | 어 | 요 |

흉내 내는 말 낱말을 넣어 짧은 글짓기를 해 볼까요? (예) 강아지가 짖는 소리를 흉내 내는 말은 '멍멍'이에요.

흉내 내는 말 :

평소

(뜻) : 일상생활을 하는 보통 때. / (교과서 예문) : 자신은 평소에 어떤 말로 기분을 표현하는지 떠올려 쓰고 2의 기분 나무에 붙여 봅시다.

⊙ **낱말을 따라 써 볼까요?**

| 평 | 소 | 평 | 소 | 평 | 소 | 평 | 소 | 평 | 소 |

⊙ **글을 따라 써 볼까요?**

| 나 | 는 | | 평 | 소 | 에 | | 일 | 찍 | | 일 | 어 | 나 | 요 |

평소 낱말을 넣어 짧은 글짓기를 해 볼까요? (예) 오늘은 평소보다 더 일찍 학교에 갔어요.

평소 :

마음

(뜻) : 깨닫거나 생각하거나 느끼는 등의 사람의 속. / (교과서 예문)『내 마음을 보여 줄까?』를 읽고 '나'의 기분이 어떻게 바뀌었는지 정리해 봅시다.

⊙ 낱말을 따라 써 볼까요?

| 마 | 음 | | 마 | 음 | | 마 | 음 | | 마 | 음 | | 마 | 음 | |

⊙ 글을 따라 써 볼까요?

| 나 | 는 | | 짝 | 궁 | 이 | | 마 | 음 | 에 | | 들 | 어 | 요 |

마음 낱말을 넣어 짧은 글짓기를 해 볼까요? (예) 내 마음대로 안 되어서 속상해요.

마음 :

바뀌다

(뜻) : 어떤 것이 서로 반대가 되다. / (교과서 예문)『내 마음을 보여줄까?』를 읽고 '나'의 기분이 어떻게 바뀌었는지 정리해 봅시다.

⊙ 낱말을 따라 써 볼까요?

| 바 | 뀌 | 다 | | 바 | 뀌 | 다 | | 바 | 뀌 | 다 | | 바 | 뀌 | 다 |

⊙ 글을 따라 써 볼까요?

| 동 | 생 | | 머 | 리 | | 모 | 양 | 이 | | 바 | 뀌 | 었 | 어 | 요 |

바뀌다 낱말을 넣어 짧은 글짓기를 해 볼까요? (예) 친구 태도가 이상하게 바뀌었어요.

바뀌다 :

기분을 나타내는 말

(뜻) : 어떤 일에 대해서 생기는 마음의 상태를 나타내는 말.
(교과서 예문) 자신이 겪은 일을 떠올리며 기분을 나타내는 말을 해 봐요.

⊙ 낱말을 따라 써 볼까요?

| 기 | 분 | 을 | | 나 | 타 | 내 | 는 | | 말 | | | | |

⊙ 글을 따라 써 볼까요?

| 기 | 분 | 을 | | 나 | 타 | 내 | 는 | | 말 | 을 | | 썼 | 어 | 요 |

기분을 나타내는 말 낱말을 넣어 짧은 글짓기를 해 볼까요? (예) 기쁘다라는 말도 기분을 나타내는 말이에요.

기분을 나타내는 말 :

1. 기분을 말해요

낱말 뜻을 이해하고 낱말의 쓰임을 완벽하게 익혀볼까요?

뿌듯하다

(뜻) : 만족스러운 느낌이 가득하다.
(교과서 예문) 뿌듯해요

⊙ 낱말을 따라 써 볼까요?

| 뿌 | 듯 | 하 | 다 | 뿌 | 듯 | 하 | 다 | 뿌 | 듯 | 하 | 다 |

⊙ 글을 따라 써 볼까요?

| 생 | 일 | | 선 | 물 | 을 | | 받 | 아 | 서 | | 뿌 | 듯 | 해 | 요 |

뿌듯하다 낱말을 넣어 짧은 글짓기를 해 볼까요? (예) 빵빵해진 돼지 저금통을 보면 기분이 뿌듯해요.

뿌듯하다 :

솔직하다

(뜻) : 거짓이나 꾸밈이 없이 바르다.
(교과서 예문) 그때의 솔직한 자신의 기분을 생각해 본다.

⊙ 낱말을 따라 써 볼까요?

| 솔 | 직 | 하 | 다 | 솔 | 직 | 하 | 다 | 솔 | 직 | 하 | 다 |

⊙ 글을 따라 써 볼까요?

| 잘 | 못 | 을 | | 솔 | 직 | 하 | 게 | | 말 | 했 | 어 | 요 | |

솔직하다 낱말을 넣어 짧은 글짓기를 해 볼까요? (예) 묻는 말에 솔직하게 대답했어요.

솔직하다 :

방법

(뜻) : 무엇을 하기 위한 방식이나 수단. / (교과서 예문) 듣는 사람의 기분을 생각하며 자신의 기분을 말하는 방법을 알아봅시다.

◉ 낱말을 따라 써 볼까요?

| 방 | 법 | | 방 | 법 | | 방 | 법 | | 방 | 법 | | 방 | 법 | |

◉ 글을 따라 써 볼까요?

| 무 | 슨 | | 좋 | 은 | | 방 | 법 | 이 | | 없 | 을 | 까 | 요 | ? |

방법 낱말을 넣어 짧은 글짓기를 해 볼까요? (예) 동생 돌보기는 뾰족한 방법이 없는 것 같아요.

방법 :

역할놀이

(뜻) : 다른 역할을 해 보며 그 입장에서 생각하고 느끼는 놀이.
(교과서 예문) 역할놀이할 상황 알아보기

◉ 낱말을 따라 써 볼까요?

| 역 | 할 | 놀 | 이 | | 역 | 할 | 놀 | 이 | | 역 | 할 | 놀 | 이 | |

◉ 글을 따라 써 볼까요?

| 역 | 할 | 놀 | 이 | 를 | | 하 | 면 | | 재 | 미 | 있 | 어 | 요 |

역할놀이 낱말을 넣어 짧은 글짓기를 해 볼까요? (예) 동생과 역할놀이를 하며 놀았어요.

역할놀이 :

정하다

(뜻) : 여러 가지 중에서 하나를 골라 놓다.
(교과서 예문) 각자의 역할에 맞게 기분을 나타내는 말을 하나씩 정하기

◉ 낱말을 따라 써 볼까요?

| 정 | 하 | 다 | | 정 | 하 | 다 | | 정 | 하 | 다 | | 정 | 하 | 다 |

◉ 글을 따라 써 볼까요?

| 아 | 기 | | 돌 | 볼 | | 사 | 람 | 을 | | 정 | 했 | 어 | 요 |

정하다 낱말을 넣어 짧은 글짓기를 해 볼까요? (예) 오늘은 야구를 하기로 정했어요.

정하다 :

앞에서 공부한 낱말들을 떠올리며 문제를 풀어 볼까요?

1) 뜻을 읽으면서 네모 안의 낱말을 그대로 따라 써 볼까요?

(1)일상생활을 하는 보통 때.　평소

(2)무엇을 하기 위한 방식이나 수단.　방법

(3)깨닫거나 생각하거나 느끼는 등의 사람의 속.　마음

(4)'짹짹', '반짝반짝' 등과 같이 소리나 모양을 나타내는 말.　흉내 내는 말

(5)어떤 일에 대해서 생기는 마음의 상태를 나타내는 말.　기분을 나타내는 말

2) 뜻에 알맞은 낱말을 (　) 안에서 골라 O표 해 볼까요?

(1) 만족스러운 느낌이 가득하다.　＝　(뿌듯하다 / 기운나다)

(2) 거짓이나 꾸밈이 없이 바르다.　＝　(게으르다 / 솔직하다)

(3) 다른 역할을 해 보며 그 입장에서 생각하고 느끼는 놀이.　＝　(역할놀이 / 게임 놀이)

(4) 어떤 것이 서로 반대가 되다.　＝　(옮기다 / 바뀌다)

(5) 여러 가지 중에 하나를 골라 놓다.　＝　(정하다 / 버리다)

3)밑줄 친 낱말을 알맞게 사용한 친구에게 모두 O표 해 볼까요?

4) 문장에 어울리는 낱말을 (   ) 안에서 골라 ○표 해 볼까요?

(1)달리기를 이겨서 기분이 (뿌듯 / 차분)해요.

(2)내가 컵을 깼다고 (화끈 / 솔직)하게 말했어요.

5) 빈칸에 들어갈 알맞은 글자를 모두 골라 O표 해 볼까요?

(1) 형하고 소방관이 되어 불을 끄는 □□ 놀이를 했어요. = 림 할 틀 역 춤

(2) 게임을 이길 수 있는 좋은 □□ 을 생각해 봤어요. = 방 법 녹 지 눈

(3) 축구 경기에서 우리 팀이 이겨서 마음이 □□ 했어요. = 동 물 뿌 글 듯

(4) 아빠는 □□ 에 아침 일찍 일어나 운동을 해요. = 열 평 력 말 소

(5) 엄마가 백화점에 데려가서 내 □□ 에 드는 옷을 사주었어요. = 백 화 마 점 음

*앞에서 배운 낱말 중에 잘 알고 있는 것에 O를 할까요?

(   )흉내 내는 말 (   )평소 (   )마음 (   )바뀌다 (   )기분을 나타내는 말

(   )뿌듯하다 (   )솔직하다 (   )방법 (   )역할놀이 (   )정하다

*오늘 있었던 일 중에서 낱말 두 가지를 정하여 짧은 글짓기를 해 볼까요?

(예) 게임 : 나는 하루에 한 시간씩만 게임을 하기로 했어요.

(1)

(2)

1. 100까지의 수

낱말 뜻을 이해하고 낱말의 쓰임을 완벽하게 익혀볼까요?

수학 교과서 어휘
수록 교과서 수학 1-2

육십, 예순

(뜻) : 열의 여섯 배가 되는 수.
(교과서 예문) 10개씩 묶음 6개를 60이라고 해.

⊙ 낱말을 따라 써 볼까요?

육	십		육	십		육	십		육	십		육	십
예	순		예	순		예	순		예	순		예	순

⊙ 글을 따라 써 볼까요?

육	십	부	터		칠	십	까	지		세	었	어	요

육십 낱말을 넣어 짧은 글짓기를 해 볼까요? (예) 사탕 열 개 묶음 여섯 개는 모두 육십 개가 되어요.

육십 :

칠십, 일흔

(뜻) : 열의 일곱 배가 되는 수.
(교과서 예문) 10개씩 묶음 7개를 70이라고 해.

⊙ 숫자를 따라 써 볼까요?

칠	십		칠	십		칠	십		칠	십		칠	십
일	흔		일	흔		일	흔		일	흔		일	흔

⊙ 글을 따라 써 볼까요?

할	머	니		연	세	가		일	흔	둘	이	에	요

일흔 낱말을 넣어 짧은 글짓기를 해 볼까요? (예) 할머니는 일흔이 넘었지만 아주 건강하세요.

일흔 :

팔십, 여든

(뜻) : 열의 여덟 배가 되는 수.
(교과서 예문) 10개씩 묶음 8개를 80이라고 해.

◉ 낱말을 따라 써 볼까요?

| 팔 | 십 | | 팔 | 십 | | 팔 | 십 | | 팔 | 십 | | 팔 | 십 | |
| 여 | 든 | | 여 | 든 | | 여 | 든 | | 여 | 든 | | 여 | 든 | |

◉ 글을 따라 써 볼까요?

| 칠 | 십 | 부 | 터 | | 팔 | 십 | 까 | 지 | | 세 | 었 | 어 | 요 | |

구십, 아흔

(뜻) : 열의 아홉 배가 되는 수.
(교과서 예문) 10개씩 묶음 9개를 90이라고 해.

◉ 낱말을 따라 써 볼까요?

| 구 | 십 | | 구 | 십 | | 구 | 십 | | 구 | 십 | | 구 | 십 | |
| 아 | 흔 | | 아 | 흔 | | 아 | 흔 | | 아 | 흔 | | 아 | 흔 | |

◉ 글을 따라 써 볼까요?

| 팔 | 십 | 부 | 터 | | 구 | 십 | 까 | 지 | | 세 | 었 | 어 | 요 | |

백

(뜻) : 열의 열 배가 되는 수.
(교과서 예문) 99보다 1만큼 더 큰 수를 100이라고 해.

◉ 낱말을 따라 써 볼까요?

| 백 | | 백 | | 백 | | 백 | | 백 | | 백 | | 백 | | 백 |

◉ 글을 따라 써 볼까요?

| 게 | 임 | 을 | | 백 | | 번 | 만 | | 하 | 고 | | 싶 | 어 | 요 |

백 낱말을 넣어 짧은 글짓기를 해 볼까요? (예) 모인 사람 수가 백 명이 넘었어요.

백 :

1. 100까지의 수 / 2. 덧셈과 뺄셈

낱말 뜻을 이해하고 낱말의 쓰임을 완벽하게 익혀볼까요?

수학 교과서 어휘
수록 교과서 수학 1-2

1주차 2

짝수

(뜻) : 2, 4, 6, 8, 10과 같이 둘씩 짝을 지을 수 있는 수.
(교과서 예문) 짝수와 홀수를 알아볼까요

⊙ 낱말을 따라 써 볼까요?

| 짝 | 수 | | 짝 | 수 | | 짝 | 수 | | 짝 | 수 | | 짝 | 수 | |

⊙ 글을 따라 써 볼까요?

| 12 | 와 | | 18 | 은 | | 짝 | 수 | 예 | 요 | |

짝수 낱말을 넣어 짧은 글짓기를 해 볼까요? (예) 형의 나이는 홀수이고 내 나이는 짝수예요.

짝수 :

홀수

(뜻) : 1, 3, 5, 7, 9와 같이 둘씩 짝을 지을 수 없는 수.
(교과서 예문) 짝수, 홀수 알아맞히기 놀이를 해 봅시다.

⊙ 낱말을 따라 써 볼까요?

| 홀 | 수 | | 홀 | 수 | | 홀 | 수 | | 홀 | 수 | | 홀 | 수 | |

⊙ 글을 따라 써 볼까요?

| 11 | 과 | | 15 | 는 | | 홀 | 수 | 예 | 요 | |

홀수 낱말을 넣어 짧은 글짓기를 해 볼까요? (예) 이번 주에는 승강기가 홀수 층에서만 멈추어요.

홀수 :

세 수

(뜻) : 세 개의 수를 활용한 계산.
(교과서 예문) 세 수의 덧셈을 해 볼까요

⊙ 낱말을 따라 써 볼까요?

| 세 | | 수 | | 세 | | 수 | | 세 | | 수 | | 세 | | 수 |

⊙ 글을 따라 써 볼까요?

| 세 | | 수의 | | 덧셈 | | 뺄셈은 | | 쉬 | 워 | 요 |

세 수 낱말을 넣어 짧은 글짓기를 해 볼까요? (예) 세 수의 뺄셈은 조금 까다로워요.

세 수 :

쌓다

(뜻) : 여러 개의 물건을 겹겹이 포개어 얹어 놓다.
(교과서 예문) 9개 중 몇 개를 사용할지 정해서 2층으로 쌓아 볼까?

⊙ 낱말을 따라 써 볼까요?

| 쌓 | 다 | | 쌓 | 다 | | 쌓 | 다 | | 쌓 | 다 | | 쌓 | 다 | |

⊙ 글을 따라 써 볼까요?

| 벽 | 돌 | 로 | | 담 | 벼 | 락 | 을 | | 쌓 | 았 | 어 | 요 | |

쌓다 낱말을 넣어 짧은 글짓기를 해 볼까요? (예) 동생이 레고를 쌓으며 놀았어요.

쌓다 :

덜다

(뜻) : 전체에서 일부를 따르거나 떼어 내다.
(교과서 예문) 4개를 덜어 내 볼까?

⊙ 낱말을 따라 써 볼까요?

| 덜 | 다 | | 덜 | 다 | | 덜 | 다 | | 덜 | 다 | | 덜 | 다 |

⊙ 글을 따라 써 볼까요?

| 형 | 이 | | 초 | 콜 | 릿 | 을 | | 덜 | 어 | | 주 | 었 | 어 | 요 |

덜다 낱말을 넣어 짧은 글짓기를 해 볼까요? (예) 밥이 너무 많아서 덜어내고 먹었어요.

덜다 :

더 해보아요

앞에서 공부한 낱말들을 떠올리며 문제를 풀어 볼까요?

1) 숫자에 알맞은 낱말을 찾아 기호를 쓰고 선을 그어 볼까요?

(1) 60 (　　) ·　　　　　　　　· ㉠ 팔십

(2) 70 (　　) ·　　　　　　　　· ㉡ 구십

(3) 80 (　　) ·　　　　　　　　· ㉢ 칠십

(4) 90 (　　) ·　　　　　　　　· ㉣ 육십

2) 숫자에 알맞은 낱말을 (　　) 안에서 골라 ○표 해 볼까요?

(1) 숫자 60을 (일흔 / 예순)이라고 읽어요.

(2) 숫자 70을 (일흔 / 아흔)이라고 읽어요.

(3) 숫자 80을 (예순 / 여든)이라고 읽어요.

(4) 숫자 90을 (아흔 / 예순)이라고 읽어요.

3) 내용에 알맞은 낱말을 (　　) 안에서 골라 ○표 해 볼까요?

(1) 

(2) 

(3) 

4) 그림을 보고 내용에 알맞은 낱말을 (   ) 안에서 골라 O표 해 볼까요?

아빠랑 과수원에서 딴 사과는 모두

(예순, 일흔, 여든, 아흔, 백) 개였어요.

5) 문장에 들어갈 낱말을 (보기)에서 찾아 (   )에 써 볼까요?

보기 :   예순   일흔   여든   아흔   백

(1) 열의 여덟 배가 되는 수를 (   )이라고 해요.

(2) 열의 아홉 배가 되는 수를 (   )이라고 해요.

(3) 열의 일곱 배가 되는 수를 (   )이라고 해요.

(4) 열의 여섯 배가 되는 수를 (   )이라고 해요.

(5) 열의 열 배가 되는 수를 (   )이라고 해요.

*앞에서 배운 낱말 중에 잘 알고 있는 것에 O를 할까요?

(   )육십, 예순 (   )칠십, 일흔 (   )팔십, 여든 (   )구십, 아흔 (   )백

(   )짝수 (   )홀수 (   )세 수 (   )쌓다 (   )덜다

*오늘 있었던 일 중에서 낱말 두 가지를 정하여 짧은 글짓기를 해 볼까요?

(예) 컴퓨터 : 아빠가 2학년이 되면 컴퓨터를 사준다고 하셨어요.

(1)

(2)

(해답) 1)(1)ⓔ (2)ⓒ (3)㉠ (4)ⓒ / 2)(1)예순 (2)일흔 (3)여든 (4)아흔 / 3)(1)홀수, 짝수 (2)홀수 (3)세 수 / 4)아흔 / 5)(1)여든 (2)아흔 (3)일흔 (4)예순 (5)백

2. 낱말을 정확하게 읽어요

낱말 뜻을 이해하고 낱말의 쓰임을 완벽하게 익혀볼까요?

박물관

뜻 : 오래된 중요한 자료, 미술품, 유물 등을 보존, 진열하는 시설.
(교과서 예문) 박물관을 관람할 때 주의할 점

◉ **낱말을 따라 써 볼까요?**

박	물	관		박	물	관		박	물	관		박	물	관

◉ **글을 따라 써 볼까요?**

엄	마	는		박	물	관	에		자	주		가	요	

박물관 낱말을 넣어 짧은 글짓기를 해 볼까요? (예) 역사 박물관에 가서 옛날 물건들을 보았어요.

박물관 :

관람하다

(뜻) : 연극, 영화, 운동 경기, 미술품 따위를 구경하다.
(교과서 예문) 박물관을 관람할 때 주의할 점

◉ **낱말을 따라 써 볼까요?**

관	람	하	다		관	람	하	다		관	람	하	다

◉ **글을 따라 써 볼까요?**

야	구	장	에	서		야	구	를		관	람	했	어	요

관람하다 낱말을 넣어 짧은 글짓기를 해 볼까요? (예) 우리 가족은 만화 영화를 관람했어요.

관람하다 :

(뜻) : 'ㄳ', 'ㄵ', 'ㄺ' 처럼 서로 다른 두 개의 자음으로 이루어진 받침.
(교과서 예문) 서로 다른 두 개의 자음자로 이루어진 받침을 겹받침이라고 해요.

◉ **낱말을 따라 써 볼까요?**

겹	받	침		겹	받	침		겹	받	침		겹	받	침

◉ **글을 따라 써 볼까요?**

겹	받	침	은		모	두		11	개	가		쓰	여	요

겹받침 낱말을 넣어 짧은 글짓기를 해 볼까요? (예) '밟다', '옳다', '값'은 모두 겹받침으로 된 낱말이에요.

겹받침 :

(뜻) : 둘 이상이 비슷하거나 서로 관계됨. / (교과서 예문) 보기 처럼 두 낱말에 공통으로 들어갈 받침을 쓰고 낱말을 완성해 봅시다.

◉ **낱말을 따라 써 볼까요?**

공	통		공	통		공	통		공	통		공	통	

◉ **글을 따라 써 볼까요?**

우	리		가	족	은		공	통	점	이		많	아	요

공통 낱말을 넣어 짧은 글짓기를 해 볼까요? (예) 친구와 나의 공통점을 찾아 보았어요.

공통 :

(뜻) : 비어 있는 데에 넣어 가득 차게 하다. / (교과서 예문) 자신이 쓴 받침이 틀렸거나 받침을 채울 수 없으면 다음 사람이 받침을 채운다.

◉ **낱말을 따라 써 볼까요?**

채	우	다		채	우	다		채	우	다		채	우	다

◉ **글을 따라 써 볼까요?**

상	자	를		모	래	로		가	득		채	웠	어	요

채우다 낱말을 넣어 짧은 글짓기를 해 볼까요? (예) 어항에 물을 채우고 금붕어를 넣었어요.

채우다 :

2. 낱말을 정확하게 읽어요

낱말 뜻을 이해하고 낱말의 쓰임을 완벽하게 익혀볼까요?

국어 교과서 어휘
수록 교과서 국어 1-2㉮

대단하다

(뜻) : 매우 중요하거나 크기, 실력 등이 보통보다 심하다.
(교과서 예문) 파란색 글자의 받침에 주의하며 『대단한 참외씨』를 읽어 봅시다.

⊙ **낱말을 따라 써 볼까요?**

대	단	하	다		대	단	하	다		대	단	하	다

⊙ **글을 따라 써 볼까요?**

친	구		실	력	이		대	단	히		뛰	어	나	요

대단하다 낱말을 넣어 짧은 글짓기를 해 볼까요? (예) 형의 태권도 실력이 참 대단한 것 같아요.

대단하다 :

글쓴이의 생각

(뜻) : 글쓴이가 글에서 전하고 싶은 생각.
(교과서 예문) 글쓴이가 글에서 전하고 싶은 생각을 글쓴이의 생각이라고 해요.

⊙ **낱말을 따라 써 볼까요?**

글	쓴	이	의		생	각		글	쓴	이	의		생	각

⊙ **글을 따라 써 볼까요?**

글	쓴	이	의		생	각	이		궁	금	했	어	요

글쓴이의 생각 낱말을 넣어 짧은 글짓기를 해 볼까요? (예) 글쓴이의 생각을 먼저 읽었어요.

글쓴이의 생각 :

제목

(뜻) : 글·강연 등에 붙인 이름.
(교과서 예문) : 글쓴이의 생각은 글의 제목에 나타나기도 해요.

⊙ 낱말을 따라 써 볼까요?

| 제 | 목 | | 제 | 목 | | 제 | 목 | | 제 | 목 | | 제 | 목 | |

⊙ 글을 따라 써 볼까요?

| 제 | 목 | 을 | | 정 | 하 | 고 | | 글 | 을 | | 썼 | 어 | 요 |

제목 낱말을 넣어 짧은 글짓기를 해 볼까요? (예) 제목을 보면 내용을 조금 알 것 같아요.

제목 :

인물

(뜻) : 일정한 상황에서 어떤 역할을 하는 사람.
(교과서 예문) 글을 읽고 인물의 생각 알기

⊙ 낱말을 따라 써 볼까요?

| 인 | 물 | | 인 | 물 | | 인 | 물 | | 인 | 물 | | 인 | 물 | |

⊙ 글을 따라 써 볼까요?

| 드 | 라 | 마 | | 속 | | 인 | 물 | 이 | | 궁 | 금 | 해 | 요 |

인물 낱말을 넣어 짧은 글짓기를 해 볼까요? (예) 우리나라를 빛낸 인물은 정말 많아요.

인물 :

짐작하다

(뜻) : 사정이나 형편 등을 대강 알아차리다.
(교과서 예문) 인물의 생각을 짐작하며 『다니엘의 멋진 날』을 읽어 봅시다.

⊙ 낱말을 따라 써 볼까요?

| 짐 | 작 | 하 | 다 | | 짐 | 작 | 하 | 다 | | 짐 | 작 | 하 | 다 |

⊙ 글을 따라 써 볼까요?

| 엄 | 마 | 의 | | 생 | 각 | 을 | | 짐 | 작 | 해 | | 봤 | 어 | 요 |

짐작하다 낱말을 넣어 짧은 글짓기를 해 볼까요? (예) 이번 소풍은 짐작대로 민속 마을이었어요.

짐작하다 :

더 해보아요

앞에서 공부한 낱말들을 떠올리며 문제를 풀어 볼까요?

1) 뜻을 읽으면서 네모 안의 낱말을 그대로 따라 써 볼까요?

(1) 오래된 중요한 자료, 미술품, 유물 등을 보존, 진열하는 시설. 박물관

(2) 'ㄲ', 'ㄵ', 'ㄺ'처럼 서로 다른 두 개의 자음으로 이루어진 받침. 겹받침

(3) 둘 이상이 비슷하거나 서로 관계됨. 공통

(4) 글 · 강연 등에 붙인 이름. 제목

(5) 일정한 상황에서 어떤 역할을 하는 사람. 인물

2) 낱말의 뜻이 무엇인지 (　　) 안에서 골라 O표 해 볼까요?

(1) 짐작하다 = 사정이나 형편 등을 (완벽하게 / 대강) 알아차리다.

(2) 대단하다 = 매우 중요하거나 크기, 실력 등이 (보통 / 일반)보다 심하다.

(3) 관람하다 = 연극, 영화, 운동 경기, 미술품 따위를 (무시 / 구경)하다.

(4) 채우다 = 비어 있는 데에 넣어 (대강 / 가득) 차게 하다.

(5) 글쓴이의 생각 = 글쓴이가 글에서 (전하고 / 버리고) 싶은 생각.

3) 내용에 알맞은 낱말을 사용한 친구에게 모두 O표 해 볼까요?

(1) (　　　)　　　　(2) (　　　)　　　　(3) (　　　)

4) 문장에 어울리는 낱말을 (   ) 안에서 골라 O표 해 볼까요?

(1) 우리 가족은 주말에 영화를 (관람 / 관객)하기로 했어요.

(2) 물통에 물을 가득 (비우고 / 채우고) 산으로 출발했어요.

(3) 축구 실력이 (초라 / 대단)한 친구 덕분에 우리 팀이 이겼어요.

(4) 역사적으로 뛰어난 (인물 / 외모)들이 우리나라를 이끌었어요.

(5) 오늘 비가 올 거라는 엄마의 (장난 / 짐작)이 맞았어요.

5) 빈칸에 들어갈 알맞은 글자를 모두 골라 O표 해 볼까요?

(1) 영화를 ☐☐ 하는 내내 손에서 땀이 났어요. = 미 관 술 람 영

(2) 책을 읽으면서 ☐☐☐ 의 생각이 궁금했어요. = 글 드 쓴 이 론

(3) ☐☐☐ 에서 도자기, 그림 등을 감상했어요. = 박 글 공 물 관

(4) 물통에 물을 가득 ☐☐☐ 가방에 넣었어요. = 우 채 국 고 민

(5) 먼저 ☐☐ 을 정한 뒤에 그림일기를 썼어요. = 드 정 제 목 민

***앞에서 배운 낱말 중에 잘 알고 있는 것에 O를 할까요?**

(   )박물관 (   )관람하다 (   )겹받침 (   )공통 (   )채우다

(   )대단하다 (   )글쓴이의 생각 (   )제목 (   )인물 (   )짐작하다

***오늘 있었던 일 중에서 낱말 두 가지를 정하여 짧은 글짓기를 해 볼까요?**

(예) 비 : 오늘 하루 종일 비가 수북주록 내렸어요.

(1)

(2)

해답 : 2)(1)대강 (2)보통 (3)구경 (4)가득 (5)전하고 / 3)(1), (3) / 4)(1)관람 (2)채우고 (3)대단 (4)인물 (5)짐작 / 5)(1)관람 (2)글쓴이 (3)박물관 (4)채우고 (5)제목

하루

낱말 뜻을 이해하고 낱말의 쓰임을 완벽하게 익혀볼까요?

하루 교과서 어휘
수록 교과서 하루 1-2

하루

(뜻) : 한낮과 한밤이 지나는 동안으로 24시간을 뜻한다.
(교과서 예문) 그림책에서 만나는 하루

⊙ **낱말을 따라 써 볼까요?**

| 하 | 루 | | 하 | 루 | | 하 | 루 | | 하 | 루 | | 하 | 루 | |

⊙ **글을 따라 써 볼까요?**

| 오 | 늘 | | 하 | 루 | 도 | | 즐 | 거 | 웠 | 어 | 요 | |

하루 낱말을 넣어 짧은 글짓기를 해 볼까요? (예) 강아지가 하루 동안 사라졌다가 나타났어요.

하루 :

뜨다

(뜻) : 해 · 달 · 별 등이 솟아오르거나 솟아 있다.
(교과서 예문) 해가 뜨는 것에서 해 지는 것까지 볼 수 있는 시간.

⊙ **낱말을 따라 써 볼까요?**

| 뜨 | 다 | | 뜨 | 다 | | 뜨 | 다 | | 뜨 | 다 | | 뜨 | 다 | |

⊙ **글을 따라 써 볼까요?**

| 해 | 가 | | 뜨 | 고 | | 날 | 이 | | 밝 | 았 | 어 | 요 | |

뜨다 낱말을 넣어 짧은 글짓기를 해 볼까요? (예) 보름달이 환하게 뜨고 별도 떴어요.

뜨다 :

지다

(뜻) : 해나 달이 서쪽으로 넘어 가다.
(교과서 예문) 해가 뜨는 것에서 해 지는 것까지 볼 수 있는 시간

⊙ 낱말을 따라 써 볼까요?

| 지 | 다 | | 지 | 다 | | 지 | 다 | | 지 | 다 | | 지 | 다 | |

⊙ 글을 따라 써 볼까요?

| 서 | 쪽 | 으 | 로 | | 해 | 가 | | 지 | 고 | | 있 | 어 | 요 | |

지다 낱말을 넣어 짧은 글짓기를 해 볼까요? (예) 해가 지면 사방이 어두워져요.

지다 :

노랫말

(뜻) : 노래의 가락에 붙어 있는 말.
(교과서 예문) 노랫말을 떠올리며 달팽이를 만들어 볼까요?

⊙ 낱말을 따라 써 볼까요?

| 노 | 랫 | 말 | | 노 | 랫 | 말 | | 노 | 랫 | 말 | | 노 | 랫 | 말 |

⊙ 글을 따라 써 볼까요?

| 노 | 랫 | 말 | 을 | | 열 | 심 | 히 | | 외 | 웠 | 어 | 요 | | |

노랫말 낱말을 넣어 짧은 글짓기를 해 볼까요? (예) 응원가의 노랫말은 모두 씩씩한 것 같아요.

노랫말 :

건강하다

(뜻) : 마음이나 몸이 아무 탈 없이 튼튼하다.
(교과서 예문) 건강하게 하루를 보내려고 내가 할 수 있는 운동을 알아볼까요?

⊙ 낱말을 따라 써 볼까요?

| 건 | 강 | 하 | 다 | | 건 | 강 | 하 | 다 | | 건 | 강 | 하 | 다 |

⊙ 글을 따라 써 볼까요?

| 우 | 리 | | 가 | 족 | | 모 | 두 | | 건 | 강 | 해 | 요 | |

건강하다 낱말을 넣어 짧은 글짓기를 해 볼까요? (예) 아팠던 아기가 다시 건강해졌어요.

건강하다 :

하루

낱말 뜻을 이해하고 낱말의 쓰임을 완벽하게 익혀볼까요?

하루 교과서 어휘
수록 교과서 하루 1-2

꾸준하다

뜻 : 한결같이 부지런하고 끈기가 있다.
(교과서 예문) 내가 할 수 있는 운동 중 하나를 골라서 꾸준히 실천해 볼까요?

⊙ **낱말을 따라 써 볼까요?**

꾸	준	하	다	꾸	준	하	다	꾸	준	하	다

⊙ **글을 따라 써 볼까요?**

운	동	은		꾸	준	하	게		해	야		좋	아	요

꾸준하다 낱말을 넣어 짧은 글짓기를 해 볼까요? (예) 아침마다 책 읽기를 꾸준하게 하고 있어요.

꾸준하다 :

거르다

(뜻) : 어떤 일이나 상황을 그냥 지나가다. / 다른 뜻 : 국물을 짜내고 찌꺼기나 건더기를 받쳐내다.
(교과서 예문) 아침밥을 거르지 말고 먹어요.

⊙ **낱말을 따라 써 볼까요?**

거	르	다	거	르	다	거	르	다	거	르	다

⊙ **글을 따라 써 볼까요?**

일	기		쓰	기	를		거	르	지		않	아	요

거르다 낱말을 넣어 짧은 글짓기를 해 볼까요? (예) 누나는 아침을 거르고 학교에 가요.

거르다 :

골고루

(뜻) : 여럿이 모두 차이가 없이 엇비슷하거나 같다.
(교과서 예문) 건강하게 생활하려면 골고루 먹어야 할 음식 세 가지를 적어 보세요.

◉ 낱말을 따라 써 볼까요?

골	고	루		골	고	루		골	고	루		골	고	루

◉ 글을 따라 써 볼까요?

초	콜	릿	을		골	고	루		나	눠		줬	어	요

골고루 낱말을 넣어 짧은 글짓기를 해 볼까요? (예) 반찬을 골고루 먹어야 건강해요.

골고루 :

마무리

(뜻) : 어떤 일이나 행동을 잘 끝내는 것.
(교과서 예문) 하루의 마무리

◉ 낱말을 따라 써 볼까요?

마	무	리		마	무	리		마	무	리		마	무	리

◉ 글을 따라 써 볼까요?

항	상		마	무	리	가		중	요	해	요		

마무리 낱말을 넣어 짧은 글짓기를 해 볼까요? (예) 그림 그리기 마무리를 잘 했어요.

마무리 :

소중하다

(뜻) : 매우 귀중하다.
(교과서 예문) 소중한 하루

◉ 낱말을 따라 써 볼까요?

소	중	하	다		소	중	하	다		소	중	하	다

◉ 글을 따라 써 볼까요?

우	리		가	족	은		참		소	중	해	요	

소중하다 낱말을 넣어 짧은 글짓기를 해 볼까요? (예) 나는 소중한 친구가 여러 명 있어요.

소중하다 :

앞에서 공부한 낱말들을 떠올리며 문제를 풀어 볼까요?

1) 뜻을 읽으면서 네모 안의 낱말을 그대로 따라 써 볼까요?

(1)매우 귀중하다. 소중하다

(2)어떤 일이나 상황을 그냥 지나가다. 거르다

(3)마음이나 몸이 아무 탈 없이 튼튼하다. 건강하다

(4)한결같이 부지런하고 끈기가 있다. 꾸준하다

(5)여럿이 모두 차이가 없이 엇비슷하거나 같다. 골고루

2) 낱말의 뜻이 무엇인지 (   ) 안에서 골라 O표 해 볼까요?

(1) 마무리 = 어떤 일이나 행동을 잘 (끝내는 / 줄이는) 것.

(2) 하루 = 한낮과 한밤이 지나는 동안으로 (12시간 / 24시간)을 뜻함.

(3) 노랫말 = 노래의 가락에 붙어 있는 (말 / 뜻).

(4) 뜨다 = 해 · 달 · 별 등이 솟아오르거나 (솟아 있다 / 저물었다).

(5) 지다 = 해와 달이 서쪽으로 (솟아오른다 / 넘어가다).

3) 밑줄 친 낱말과 뜻이 비슷한 말은 무엇일까요? (   )

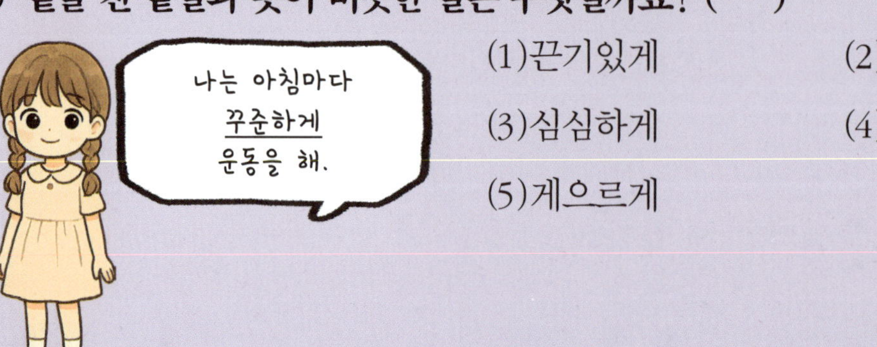

(1)끈기있게   (2)조용하게

(3)심심하게   (4)보람차게

(5)게으르게

4) 문장에 어울리는 낱말을 (   )에서 골라 O표 해 볼까요?

(1)해는 아침에 동쪽에서 (뜨고 / 지고) 저녁에 서쪽으로 (뜬다 / 진다).

(2)나는 (하루 / 이틀)에 세 번 이를 닦는다.

(3)아침마다 운동을 했더니 몸이 (건강 / 허약)해졌다.

(4)나는 저녁에 그림일기를 쓰는 것으로 하루를 (시작 / 마무리)한다.

(5)음식을 (가려서 / 골고루) 먹으면 몸이 건강해진다.

5) 밑줄 친 낱말을 틀리게 사용한 친구에게 O표 해 볼까요?

(1)(   )   (2)(   )   (3)(   )

***앞에서 배운 낱말 중에 잘 알고 있는 것에 O를 할까요?**

(   )하루   (   )뜨다   (   )지다   (   )노랫말   (   )건강하다

(   )꾸준하다   (   )거르다   (   )골고루   (   )마무리   (   )소중하다

***오늘 있었던 일 중에서 낱말 두 가지를 정하여 짧은 글짓기를 해 볼까요?**

(예) 우산 : 비가 와서 친구와 함께 우산을 쓰고 집으로 돌아왔어요.

(1)

(2)

받아쓰기를 해보아요

앞에서 배운 단어를 떠올리며 맞는 낱말에 O표를 하고 문장을 따라 써 볼까요?

1) 그림 그리기를 다 해서 기분이 (뿌든 / 뿌듯)했어요.

2) 부모님과 함께 영화를 (괄람 / 관람)했어요.

3) 그 동요 (노래말 / 노랫말)은 정말 씩씩해요.

4) 동생과 (역할놀이 / 역활놀이)를 하며 놀았어요.

5) 동생이 컵을 깨뜨렸다고 (솔직하게 / 솔찍하게) 말했어요.

6) 물병에 물을 가득 (체우고 / 채우고) 가방에 넣었어요.

7) 동생이 저녁을 (거르고 / 걸으고) 잠이 들었어요.

8) 레고로 탑을 (쌓고 / 싸고) 무너뜨리는 놀이를 했어요.

9) 영화의 (재목 / 제목)을 보면 내용을 조금 알 것 같아요.

10) 할머니는 (일흔세 / 이른세) 살에 영어 공부를 시작했어요.

〈어린왕자와 사막여우를 만나러 가요〉

*동화를 소리 내어 읽으며 앞에서 배운 낱말을 ☐ 안에 써 볼까요?

어우우~ 어우우~ 사막여우가 목을 길게 빼고 울부짖는 소리를 냈어요.

어린왕자가 의아한 표정으로 사막여우를 바라보았어요.

"늘대를 흉내 내는 소리 야. 늑대가 친구랑 놀고 싶을 때 이렇게 해."

"아, 알겠다. 네가 심심해서 그러는구나?"

어린왕자는 심심해하는 사막여우와 무슨 놀이를 할까 생각했어요.

"너는 평소 에 남의 흉내를 잘 내니까 오늘은 역할놀이 를 해 보자."

"아주 좋은 생각이야. 네가 사막여우해. 나는 어린왕자야."

"그런데 나는 솔직히 역할놀이 방법 을 모르겠어."

어린왕자 말이 끝나기 바쁘게 사막여우가 엉덩이를 쳐들고 입으로 부우웅 방귀 뀌는 소리를 냈어요. 어린왕자는 웃으며 말했어요.

"그건 네가 방귀 뀔 때 하는 행동이잖아."

"아니야. 그건 내 기분이 안 좋을 때 하는 행동이야."

"아, 그렇구나. 그럼 나는 마음이 안 좋을 때 어떻게 하는지 표현해 봐."

"넌 모래성을 쌓았다 가 덜어냈다 가 하면서 하루를 보내."

사막여우는 모래밭에 털썩 주저앉아 어린왕자의 행동을 흉내 냈어요.

"하루 종일 밥도 <u>거르면서</u> 멍하니 앉아 있는 슬픈 네 모습을 보면 ㉠……."

사막여우는 잠깐 입을 다물었다가 다시 고개를 들었어요.

"네가 나하고 있는 동안 건강하게 지내다가 떠났으면 좋겠어. 난 건강한 네 모습을 오랫동안 기억하고 싶거든."

"왜 그런 말을 하는 거야? 내가 언제 떠날지도 모르면서."

어린왕자는 그렇게 생각하고 있는 사막여우한테 너무 미안했어요.

"나는 네가 그렇게 생각하는 줄 몰랐어. 우리 역할놀이하기로 했지? 너는 <u>노랫말</u> 짓기를 좋아하니까 그걸로 네 흉내를 내보겠어."

㉡어린왕자가 분위기를 <u>바꾸려고</u> 명랑하게 떠들었어요. 그러면서 엉덩이를 쳐들고 사막여우 흉내를 냈어요.

"나는 방귀 대장 사막여우~ 방귀 뀌기 대장은 바로 나야~"

어린왕자가 엉덩이를 흔들며 노래를 하자 사막여우가 깔깔깔 웃었어요.

"네가 꼭 박물관에서 나온 공룡 같잖아. 노란 수염이 있는 공룡~"

다시 명랑해진 사막여우를 보면서 어린왕자 마음이 뿌듯해졌어요.

(나도 작가) 여러분이 그다음 이야기를 지어 볼까요?

어린왕자 :

____

사막여우 :

____

〈독해 실력이 쑥쑥쑥〉

⊙어린왕자와 사막여우 동화로 독해 실력을 높여 볼까요?

1) 사막여우는 왜 갑자기 늑대 울음소리를 냈나요? (   )

(1)어린왕자를 놀리려고

(2)어린왕자한테 화가 나서

(3)심심해서

(4)늑대들을 부르려고

(5)목청을 가다듬으려고

2) 이 글의 내용과 다른 것은 무엇일까요? (   )

(1)어린왕자는 심심해하는 사막여우와 놀아주려 한다.

(2)어린왕자는 사막여우가 남의 흉내를 잘 낸다고 생각한다.

(3)사막여우는 어린왕자에게 역할놀이 방법을 알려준다.

(4)사막여우는 어린왕자가 멍하니 앉아 있는 걸 보면 슬퍼진다.

(5)어린왕자는 사막여우를 노란 수염의 공룡 같다고 한다.

3) 이 글의 내용과 맞지 않은 말을 한 친구는 누구일까요? (   )

(1)(   )   (2)(   )   (3)(   )

(해답) 1)(3) / 2)(5) / 3)(2)

문해 실력이 쑥쑥쑥 〉 

◉ 어린왕자와 사막여우 동화로 문해 실력을 높여 볼까요?

1) ㉠에서 사막여우는 어떤 말을 하고 싶었을까요? (　　　)

(1) "나도 슬퍼져."

(2) "너무 화가 나."

(3) "견딜 수 없이 피곤해."

(4) "정말 즐거워."

(5) "진짜 기분이 좋아져."

2) 어린왕자가 ㉡처럼 행동한 이유가 아닌 것은 무엇일까요? (　　　)

(1) 사막여우가 더 슬퍼할까 봐

(2) 사막여우를 슬프게 한 것이 미안해서

(3) 사막여우를 다시 웃게 하려고

(4) 사막여우가 시무룩해서

(5) 사막여우가 틀린 말을 해서

3) 다음부터 어린왕자는 어떻게 행동할 것 같은가요? (　　　)

(1) 사막여우가 있는 자리에서는 명랑한 척할 것 같다.

(2) 살던 별로 돌아가기 전까지 즐겁게 지내려고 할 것 같다.

(3) 사막여우를 전혀 신경 쓰지 않을 것 같다.

(4) 사막여우 혼자 놀게 할 것 같다.

(5) 살던 별로 빨리 돌아가려고 애쓸 것 같다.

교과서 어휘력이 문해력의 시작이다!

- 한글의 어휘력 · 독해력 · 문해력을 그만 무시!
- 어휘력 · 독해력 · 문해력 실력은 모든 학업의 기본!
- 어휘력 · 독해력 · 문해력을 해결하려면 낱말 반복 복습부터 시작!
- 초등학교 교과서의 어휘력 · 독해력 · 문해력 해결은 명문대 입학의 지름길!

1회

국어 교과서 어휘

경험 / 제대로 / 말끝 / 주말 / 또박또박 /
여럿 / 기억 / 그림일기 / 차례대로 /
해당

공부한 날 (　)월 (　)일

2회

수학 교과서 어휘

지키다 / 스스로 / 세모 / 동그라미 / 시 /
시각 / 모형 / 가리키다 / 짧은바늘 / 긴바늘

공부한 날 (　)월 (　)일

3회

국어 교과서 어휘

생각하다 / 신기하다 / 서두르다 /
시간을 나타내는 말 / 큰따옴표 /
작은따옴표 / 행동 / 몸짓 / 등장인물 / 감동적

공부한 날 (   )월 (   )일

4회

약속 교과서 어휘

권리 / 차별 / 배려하다 / 에너지 /
분리배출 / 환경보호 / 평화 /
존중하다 / 안전 수칙 / 폭력

공부한 날 (   )월 (   )일

· 더 해보아요
· 받아쓰기를 해보아요
· 어린왕자와 사막여우를 만나러 가요
· 독해력이 쑥쑥쑥
· 문해력이 쑥쑥쑥

3. 그림일기를 써요

낱말 뜻을 이해하고 낱말의 쓰임을 완벽하게 익혀볼까요?

경험

(뜻) : 직접 해 보거나 느끼는 것.
(교과서 예문) 경험한 일을 발표하고 그림일기로 표현하기

⊙ 낱말을 따라 써 볼까요?

| 경 | 험 | | 경 | 험 | | 경 | 험 | | 경 | 험 | | 경 | 험 | |

⊙ 글을 따라 써 볼까요?

| 아 | 빠 | 는 | | 농 | 사 | | 경 | 험 | 이 | | 많 | 아 | 요 |

경험 낱말을 넣어 짧은 글짓기를 해 볼까요? (예) 형은 태권도 대회에 출전한 경험이 있어요.

경험 :

제대로

(뜻) : 정해진 규격·제도·모양에 맞게. / (교과서 예문) 그림 ㉮에서 남자아이가 여자아이의 말을 제대로 알아듣지 못한 까닭은 무엇인가요?

⊙ 낱말을 따라 써 볼까요?

| 제 | 대 | 로 | | 제 | 대 | 로 | | 제 | 대 | 로 | | 제 | 대 | 로 |

⊙ 글을 따라 써 볼까요?

| 오 | 늘 | | 숙 | 제 | 를 | | 제 | 대 | 로 | | 끝 | 냈 | 어 | 요 |

제대로 낱말을 넣어 짧은 글짓기를 해 볼까요? (예) 뭐든 제대로 해야 실수가 없어요.

제대로 :

말끝

(뜻) : 한마디 말이나 한 차례 말의 맨 끝. / (교과서 예문) 발표할 때에는 바르게 서서 말끝을 흐리지 않고 끝까지 분명하게 말해야 듣는 사람이 잘 알아들을 수 있어요.

⊙ 낱말을 따라 써 볼까요?

| 말 | 끝 | | 말 | 끝 | | 말 | 끝 | | 말 | 끝 | | 말 | 끝 | |

⊙ 글을 따라 써 볼까요?

| 나 | 는 | | 우 | 느 | 라 | | 말 | 끝 | 을 | | 흐 | 렸 | 어 | 요 |

말끝 낱말을 넣어 짧은 글짓기를 해 볼까요? (예) 형은 말끝마다 미소를 지어요.

말끝 :

주말

(뜻) : 보통 토요일 오후부터 일요일까지를 이름.
(교과서 예문) 주말에 있었던 일을 친구들과 이야기해 봅시다.

⊙ 낱말을 따라 써 볼까요?

| 주 | 말 | | 주 | 말 | | 주 | 말 | | 주 | 말 | | 주 | 말 | |

⊙ 글을 따라 써 볼까요?

| 이 | 번 | | 주 | 말 | 에 | 는 | | 공 | 원 | 에 | | 가 | 요 |

주말 낱말을 넣어 짧은 글짓기를 해 볼까요? (예) 친구가 이번 주말에 우리 집에 오겠대요.

주말 :

또박또박

(뜻) : 말이나 글씨 따위가 조리 있고 또렷한 모양.
(교과서 예문) 알맞은 크기의 목소리로 또박또박 말한다.

⊙ 낱말을 따라 써 볼까요?

| 또 | 박 | 또 | 박 | | 또 | 박 | 또 | 박 | | 또 | 박 | 또 | 박 | |

⊙ 글을 따라 써 볼까요?

| 동 | 생 | 이 | | 또 | 박 | 또 | 박 | | 대 | 답 | 을 | | 해 | 요 |

또박또박 낱말을 넣어 짧은 글짓기를 해 볼까요? (예) 연필로 또박또박 글씨를 썼어요.

또박또박 :

3. 그림일기를 써요

낱말 뜻을 이해하고 낱말의 쓰임을 완벽하게 익혀볼까요?

국어 교과서 어휘
수록 교과서 국어 1-2 ㉮

여럿

(뜻) : 많은 사람이나 물건. 많은 수.
(교과서 예문) 여럿이 함께 들을 때의 바른 자세를 알아봅시다.

⊙ **낱말을 따라 써 볼까요?**

| 여 | 럿 | | 여 | 럿 | | 여 | 럿 | | 여 | 럿 | | 여 | 럿 | |

⊙ **글을 따라 써 볼까요?**

| 나 | 는 | | 친 | 구 | 를 | | 여 | 럿 | | 사 | 귀 | 어 | 요 |

여럿 낱말을 넣어 짧은 글짓기를 해 볼까요? (예) 여럿이 일을 하니까 금방 끝났어요.

여럿 :

기억

(뜻) : 보고 듣고 느낀 점을 잊지 않고 머릿속에 담아두는 것.
(교과서 예문) 그 일이 기억에 남는 까닭을 생각해 보세요.

⊙ **낱말을 따라 써 볼까요?**

| 기 | 억 | | 기 | 억 | | 기 | 억 | | 기 | 억 | | 기 | 억 | |

⊙ **글을 따라 써 볼까요?**

| 나 | 는 | | 재 | 미 | 있 | 는 | | 기 | 억 | 이 | | 많 | 아 | 요 |

기억 낱말을 넣어 짧은 글짓기를 해 볼까요? (예) 너무 오래된 일은 기억나지 않아요.

기억 :

그림일기

(뜻) : 주로 어린이들이 그림과 글로 나타낸 일기. / (교과서 예문) 그림일기는 하루에 경험한 일 가운데에서 기억에 남는 일을 골라 글과 그림으로 나타낸 일기예요.

⊙ 낱말을 따라 써 볼까요?

| 그 | 림 | 일 | 기 | | 그 | 림 | 일 | 기 | | 그 | 림 | 일 | 기 | |

⊙ 글을 따라 써 볼까요?

| 오 | 늘 | 도 | | 그 | 림 | 일 | 기 | 를 | | 썼 | 어 | 요 | |

그림일기 낱말을 넣어 짧은 글짓기를 해 볼까요? (예) 나는 그림일기 쓰기가 재미있어요.

그림일기 :

차례대로

(뜻) : 원칙에 따라서 여럿을 하나씩 이어지게 하는 것.
(교과서 예문) 어제 있었던 일을 차례대로 차근차근 떠올려 봐요.

⊙ 낱말을 따라 써 볼까요?

| 차 | 례 | 대 | 로 | | 차 | 례 | 대 | 로 | | 차 | 례 | 대 | 로 |

⊙ 글을 따라 써 볼까요?

| 차 | 례 | 대 | 로 | | 급 | 식 | 실 | 로 | | 들 | 어 | 갔 | 어 | 요 |

차례대로 낱말을 넣어 짧은 글짓기를 해 볼까요? (예) 차례대로 줄을 서서 버스를 기다렸어요.

차례대로 :

해당

(뜻) : 무엇에 잘 어울리든가 바로 들어맞는 것.
(교과서 예문) 그림을 보고 '무엇을'에 해당하는 말을 넣어 문장을 완성해 봅시다.

⊙ 낱말을 따라 써 볼까요?

| 해 | 당 | | 해 | 당 | | 해 | 당 | | 해 | 당 | | 해 | 당 |

⊙ 글을 따라 써 볼까요?

| 나 | 는 | | 그 | | 일 | 에 | | 해 | 당 | 이 | | 없 | 어 | 요 |

해당 낱말을 넣어 짧은 글짓기를 해 볼까요? (예) 강아지도 우리 가족에 해당되어요.

해당 :

더 해보아요

앞에서 공부한 낱말들을 떠올리며 문제를 풀어 볼까요?

1) 뜻을 읽으면서 네모 안의 낱말을 그대로 따라 써 볼까요?

(1)많은 사람이나 물건, 많은 수. 여럿

(2)보고 듣고 느낀 점을 잊지 않고 머릿속에 담아 두는 것. 기억

(3)원칙에 따라서 여럿을 하나씩 이어지게 하는 것. 차례대로

(4)정해진 규격 ·제도· 모양에 맞게. 제대로

(5)말이나 글씨 따위가 조리 있고 또렷한 모양. 또박또박

2) 문장에 어울리는 낱말을 (보기)에서 찾아 (   )에 써 볼까요?

보기 :   말끝   주말   경험   그림일기   해당

(1)예전에 우산을 잃어버린 (   )이 있어서 잘 챙겨요.

(2)동생은 (   )마다 우는소리를 해요.

(3)우리 가족은 (   )이 되면 농장에 가요.

(4)저녁마다 (   )를 쓰는 일은 참 힘들어요.

(5)강아지도 우리 가족에 (   )되니까 소중해요.

3) (   )에 들어갈 알맞은 낱말을 모두 골라 볼까요? (,   )

(1)그림일기   (2)뚜벅뚜벅

(3)또박또박   (4)자유롭게

(5)국어

4) 문장에 어울리는 낱말을 (   ) 안에서 골라 O표 해 볼까요?

(1) 나는 매일 학교에서 배운 내용을 (또박또박 / 드문드문) 복습을 해요.

(2) 놀이기구를 탈 때는 (혼자만 / 차례대로) 타야 안전해요.

(3) 숙제를 할 때는 (제대로 / 멋대로) 해야 해요.

(4) 제주도에서 생활하는 삼촌은 (날마다 / 주말마다) 서울에 오세요.

(5) 친구는 (말끝마다 / 손끝마다) 허리를 잡고 웃어요.

5) 빈칸에 알맞은 낱말을 네모 안에 있는 글자로 완성해 볼까요?

놀이터에서는 [   ] 줄을 서서 놀이기구를 이용해야 해요.

| 레 | 대 | 로 | 차 |

*앞에서 배운 낱말 중에 잘 알고 있는 것에 O를 할까요?

(   )경험 (   )제대로 (   )말끝 (   )주말 (   )또박또박
(   )여럿 (   )기억 (   )그림일기 (   )차례대로 (   )해당

*오늘 있었던 일 중에서 낱말 두 가지를 정하여 짧은 글짓기를 해 볼까요?

(예) 꽃 : 마당에 꽃이 많이 피어서 우리 집이 꽃 왕국 같아요.

(1)

(2)

3. 모양과 시각

낱말 뜻을 이해하고 낱말의 쓰임을 완벽하게 익혀볼까요?

지키다 (뜻) : 약속, 생각 등을 잊거나 바꾸지 않고 이어가다. / 다른 뜻 : 무엇을 보호하거나 살피다.
(교과서 예문) 약속한 시각을 잘 지켜요

⊙ **낱말을 따라 써 볼까요?**

| 지 | 키 | 다 | | 지 | 키 | 다 | | 지 | 키 | 다 | | 지 | 키 | 다 |

⊙ **글을 따라 써 볼까요?**

| 교 | 통 | | 신 | 호 | 는 | | 꼭 | | 지 | 켜 | 야 | | 해 | 요 |

지키다 낱말을 넣어 짧은 글짓기를 해 볼까요? (예) 공중도덕을 잘 지켜야 해요.

지키다 :

스스로 (뜻) : 남이 시켜서가 아니라 자신의 결심으로.
(교과서 예문) 스스로 정한 시각에 일어나요.

⊙ **낱말을 따라 써 볼까요?**

| 스 | 스 | 로 | | 스 | 스 | 로 | | 스 | 스 | 로 | | 스 | 스 | 로 |

⊙ **글을 따라 써 볼까요?**

| 아 | 침 | 마 | 다 | | 스 | 스 | 로 | | 일 | 어 | 나 | 요 | |

스스로 낱말을 넣어 짧은 글짓기를 해 볼까요? (예) 동생은 스스로 옷을 챙겨 입어요.

스스로 :

세모

(뜻) : 선과 선의 끝이 만난 곳이 세 개 있는 것.
(교과서 예문) □, △, ○ 모양을 찾아 색연필로 따라 그려 봅시다.

⊙ **낱말을 따라 써 볼까요?**

| 세 | 모 | | 세 | 모 | | 세 | 모 | | 세 | 모 | | 세 | 모 | |

⊙ **글을 따라 써 볼까요?**

| 종 | 이 | 를 | | 세 | 모 | 로 | | 접 | 었 | 어 | 요 | | |

세모 낱말을 넣어 짧은 글짓기를 해 볼까요? (예) 동생이 세모 모양을 잔뜩 그렸어요.

세모 :

동그라미

(뜻) : 동그란 모양. 동그랗게 생긴 물체.
(교과서 예문) ○ 모양은 어디 있을까?

⊙ **낱말을 따라 써 볼까요?**

| 동 | 그 | 라 | 미 | | 동 | 그 | 라 | 미 | | 동 | 그 | 라 | 미 | |

⊙ **글을 따라 써 볼까요?**

| 나 | 는 | | 동 | 그 | 라 | 미 | | 모 | 양 | 이 | | 좋 | 아 | 요 |

동그라미 낱말을 넣어 짧은 글짓기를 해 볼까요? (예) 동그라미로 그릴 수 있는 그림은 참 많아요.

동그라미 :

시

(뜻) : 하루를 스물넷으로 나누었을 때 그 하나를 나타내는 시간의 단위.
(교과서 예문) 몇 시를 알아볼까요

⊙ **낱말을 따라 써 볼까요?**

| 시 | 시 | 시 | 시 | 시 | 시 | 시 | 시 |

⊙ **글을 따라 써 볼까요?**

| 아 | 빠 | 는 | | 여 | 덟 | | 시 | 에 | | 출 | 근 | 해 | 요 |

시 낱말을 넣어 짧은 글짓기를 해 볼까요? (예) 나는 아침 일곱 시에 일어났어요.

시 :

---

3. 모양과 시각

낱말 뜻을 이해하고 낱말의 쓰임을 완벽하게 익혀볼까요?

수학 교과서 어휘
수록 교과서 수학 1-2

시각

(뜻) : 시간의 흐름에서 어느 한때.
(교과서 예문) 시계에 시각을 나타내 봅시다.

⊙ **낱말을 따라 써 볼까요?**

| 시 | 각 | | 시 | 각 | | 시 | 각 | | 시 | 각 | | 시 | 각 | |

⊙ **글을 따라 써 볼까요?**

| 친 | 구 | 는 | | 늘 | | 그 | | 시 | 각 | 에 | | 와 | 요 |

시각 낱말을 넣어 짧은 글짓기를 해 볼까요? (예) 약속한 시각에 맞춰 출발했어요.

시각 :

모형

(뜻) : 어떤 물건의 모양을 본떠서 만들어 놓은 것.
(교과서 예문) 모형 시계에 몇 시 30분을 나타내 봅시다.

⊙ **낱말을 따라 써 볼까요?**

| 모 | 형 | | 모 | 형 | | 모 | 형 | | 모 | 형 | | 모 | 형 | |

⊙ **글을 따라 써 볼까요?**

| 모 | 형 | | 비 | 행 | 기 | 를 | | 만 | 들 | 었 | 어 | 요 | |

모형 낱말을 넣어 짧은 글짓기를 해 볼까요? (예) 동생은 모형 로봇을 아주 좋아해요.

모형 :

가리키다

(뜻) : 필요한 물건이나 방향을 보게 하다.
(교과서 예문) 짧은바늘이 3, 긴바늘이 12를 가리킬 때 시계는 3시를 나타냅니다.

⊙ 낱말을 따라 써 볼까요?

| 가 | 리 | 키 | 다 | | 가 | 리 | 키 | 다 | | 가 | 리 | 키 | 다 | |

⊙ 글을 따라 써 볼까요?

| 나 | 침 | 판 | 이 | | 북 | 쪽 | 을 | | 가 | 리 | 켰 | 어 | 요 | |

가리키다 낱말을 넣어 짧은 글짓기를 해 볼까요? (예) 손가락으로 학교 방향을 가리켰어요.

가리키다 :

짧은바늘

(뜻) : 시계에서 시를 가리키는 짧은 바늘.
(교과서 예문) 짧은바늘과 긴바늘을 찾아볼까?

⊙ 낱말을 따라 써 볼까요?

| 짧 | 은 | 바 | 늘 | | 짧 | 은 | 바 | 늘 | | 짧 | 은 | 바 | 늘 | |

⊙ 글을 따라 써 볼까요?

| 짧 | 은 | 바 | 늘 | 이 | | 숫 | 자 | | 12 | 에 | | 있 | 어 | 요 | |

짧은바늘 낱말을 넣어 짧은 글짓기를 해 볼까요? (예) 시계의 짧은바늘이 움직이지 않아요.

짧은바늘 :

긴바늘

(뜻) : 시계에서 분을 가리키는 긴 바늘. / (교과서 예문) 짧은바늘이 10과 11의 가운데,
긴바늘이 6을 가리킬 때 시계는 10시 30분을 나타냅니다.

⊙ 낱말을 따라 써 볼까요?

| 긴 | 바 | 늘 | | 긴 | 바 | 늘 | | 긴 | 바 | 늘 | | 긴 | 바 | 늘 |

⊙ 글을 따라 써 볼까요?

| 벽 | 시 | 계 | 의 | | 긴 | 바 | 늘 | 이 | | 빠 | 졌 | 어 | 요 | |

긴바늘 낱말을 넣어 짧은 글짓기를 해 볼까요? (예) 우리 집 시계의 긴바늘은 파란색이에요.

긴바늘 :

더 해보아요

앞에서 공부한 낱말들을 떠올리며 문제를 풀어 볼까요?

1) 뜻을 읽으면서 네모 안의 낱말을 그대로 따라 써 볼까요?

(1)선과 선의 끝이 만난 곳이 세 개 있는 것. 세모

(2)동그란 모양. 동그랗게 생긴 물체. 동그라미

(3)시간의 흐름에서 어느 한때. 시각

(4)시계에서 시를 가리키는 바늘. 짧은바늘

(5)시계에서 분을 가리키는 바늘. 긴바늘

2) 낱말의 뜻이 무엇인지 (　　) 안에서 골라 O표 해 볼까요?

(1) 지키다 = 약속, 생각 등을 잊거나 바꾸지 않고 (이어가다 / 무시하다).

(2) 스스로 = 남이 시켜서가 아니라 (자신 / 남)의 결심으로.

(3) 시 = 하루를 스물넷으로 나누었을 때 그 (둘 / 하나)를 나타내는 시간의 단위.

(4) 모형 = 어떤 물건의 모양을 (본떠서 / 뭉개서) 만들어 놓은 것.

(5) 가리키다 = 필요한 물건이나 방향을 (돌보게 / 보게) 하다.

3) 그림을 보고 문장에 어울리는 낱말을 (　　) 안에서 골라 O표 해 볼까요?

(1) 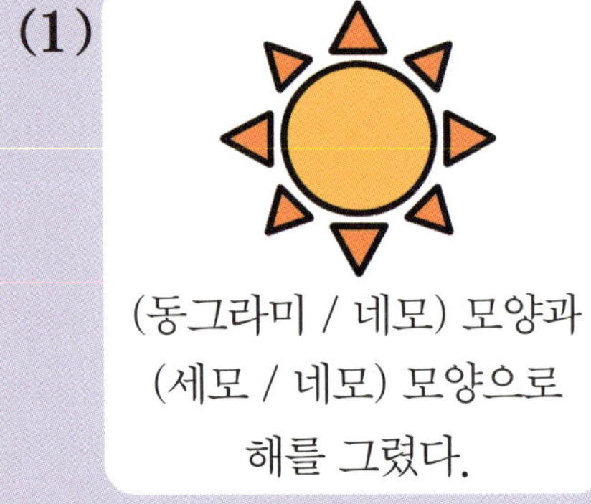

(동그라미 / 네모) 모양과 (세모 / 네모) 모양으로 해를 그렸다.

(2) 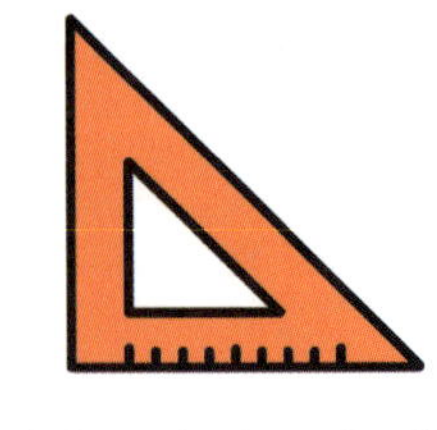

(세모 / 동그라미) 모양은 뾰족한 부분이 세 군데 있다.

(3) 

사과는 (네모 / 동그라미) 모양이다.

4) 문장에 어울리는 낱말을 (   )안에서 골라 O표 해 볼까요?

(1)나는 아침마다 7시가 되면 (강제로 / 스스로) 일어나요.

(2)게임을 1시간만 하겠다는 약속을 (지켜서 / 어겨서) 칭찬받았어요.

(3)꽃은 (동그랗게 / 뾰족하게) 그리고, 화분은 네모 모양으로 그렸어요.

(4)손가락으로 학교 가는 방향을 (가리켰어요 / 가르쳤어요).

(5)누나는 (세모 / 네모)모양의 삼각자를 세 개나 갖고 있어요.

5) 그림을 보고 문장에 어울리는 낱말을 (   )안에서 골라 O표 해 볼까요?

(긴바늘 / 짧은바늘)이
9와 10의 가운데,
(긴바늘 / 짧은바늘)이
6을 (가리키고 / 가르치고)
있으면 9시 30분이에요.

***앞에서 배운 낱말 중에 잘 알고 있는 것에 O를 할까요?**

(   )지키다 (   )스스로 (   )세모 (   )동그라미 (   )시

(   )시각 (   )모형 (   )가리키다 (   )짧은바늘 (   )긴바늘

***오늘 있었던 일 중에서 낱말 두 가지를 정하여 짧은 글짓기를 해 볼까요?**

(예) 마당 : 할머니는 마당의 나무와 꽃을 정성스럽게 가꾸어요..

(1)

(2)

4. 감동은 나누어요

낱말 뜻을 이해하고 낱말의 쓰임을 완벽하게 익혀볼까요?

국어 교과서 어휘
수록 교과서 국어 1-2㉮

생각하다

(뜻) : 어떤 사물이나 이치를 헤아리고 따지다.
(교과서 예문) 누가 어떤 생각이나 말을 하며 행동을 했는지 생각해 봐요.

⊙ 낱말을 따라 써 볼까요?

| 생 | 각 | 하 | 다 | | 생 | 각 | 하 | 다 | | 생 | 각 | 하 | 다 | |

⊙ 글을 따라 써 볼까요?

| 그 | | 일 | 을 | | 곰 | 곰 | | 생 | 각 | 해 | | 봤 | 어 | 요 |

생각하다 낱말을 넣어 짧은 글짓기를 해 볼까요? (예) 사진을 보면 옛날 일이 생각나요.

생각하다 :

신기하다

(뜻) : 믿을 수 없을 정도로 놀랍고 색다르다.
(교과서 예문) '신기하다' 믿을 수 없을 정도로 놀랍다.

⊙ 낱말을 따라 써 볼까요?

| 신 | 기 | 하 | 다 | | 신 | 기 | 하 | 다 | | 신 | 기 | 하 | 다 |

⊙ 글을 따라 써 볼까요?

| 빠 | 르 | 게 | | 달 | 리 | 는 | | 차 | 가 | | 신 | 기 | 해 | 요 |

신기하다 낱말을 넣어 짧은 글짓기를 해 볼까요? (예) 아파트 공사가 금방 끝나서 참 신기했어요.

신기하다 :

 **서두르다**

(뜻) : 어떤 일을 빨리 해치우려고 바삐 움직이다.
(교과서 예문) '서두르다' 어떤 일을 급하게 처리하려고 하다.

◉ 낱말을 따라 써 볼까요?

| 서 | 두 | 르 | 다 | | 서 | 두 | 르 | 다 | | 서 | 두 | 르 | 다 | |

◉ 글을 따라 써 볼까요?

| 서 | 둘 | 렀 | 더 | 니 | | 지 | 각 | 은 | | 안 | | 했 | 어 | 요 |

서두르다 낱말을 넣어 짧은 글짓기를 해 볼까요? (예) 놀이공원에 간다니까 동생이 몹시 서둘렀어요.

서두르다 :

시간을 나타내는 말

(뜻) : '어느 날 아침'처럼 일이 일어난 때를 알려주는 말.
(교과서 예문) 시간을 나타내는 말을 생각하면 일이 일어난 차례를 정리할 수 있어요.

◉ 낱말을 따라 써 볼까요?

| 시 | 간 | 을 | | 나 | 타 | 내 | 는 | | 말 | | | | | |

◉ 글을 따라 써 볼까요?

| 아 | 빠 | | 엄 | 마 | 는 | | 새 | 벽 | 에 | | 일 | 어 | 나 | 요 |

시간을 나타내는 말과 관련된 짧은 글짓기를 해 볼까요? (예) 내가 잠들 시간에 소쩍새가 울어요.

시간을 나타내는 말 :

큰따옴표

(뜻) : 인물이 소리 내어 한 말을 적을 때 쓰는 문장 부호.
(교과서 예문) 큰따옴표는 인물이 소리 내어 한 말을 나타낼 때 쓴다.

◉ 낱말을 따라 써 볼까요?

| 큰 | 따 | 옴 | 표 | | 큰 | 따 | 옴 | 표 | | 큰 | 따 | 옴 | 표 |

◉ 글을 따라 써 볼까요?

| 큰 | 따 | 옴 | 표 | | 다 | 음 | 에 | | 글 | 을 | | 썼 | 어 | 요 |

큰따옴표 낱말을 넣어 짧은 글짓기를 해 볼까요? (예) 큰따옴표가 있는 글은 지루하지 않아요.

큰따옴표 :

---

4. 감동을 나누어요

낱말 뜻을 이해하고 낱말의 쓰임을 완벽하게 익혀볼까요?

작은따옴표 (뜻) : 인물이 마음속으로 한 말을 적을 때 쓰는 문장 부호.
(교과서 예문) 작은따옴표는 인물이 마음속으로 한 말을 나타낼 때 쓴다.

⊙ **낱말을 따라 써 볼까요?**

| 작 | 은 | 따 | 옴 | 표 | | 작 | 은 | 따 | 옴 | 표 | | | |

⊙ **글을 따라 써 볼까요?**

| 작 | 은 | 따 | 옴 | 표 | | 안 | 에 | | 글 | 을 | | 썼 | 어 | 요 |

작은따옴표 낱말을 넣어 짧은 글짓기를 해 볼까요? (예) 작은따옴표를 먼저 쓰고 글을 썼어요.

작은따옴표 :

행동 (뜻) : 몸을 움직여 어떤 짓을 하거나 일을 하는 것.
(교과서 예문) 인물이 어떤 말과 행동을 하는지 살펴봐요.

⊙ **낱말을 따라 써 볼까요?**

| 행 | 동 | | 행 | 동 | | 행 | 동 | | 행 | 동 | | 행 | 동 |

⊙ **글을 따라 써 볼까요?**

| 항 | 상 | | 올 | 바 | 르 | 게 | | 행 | 동 | 해 | 요 | | |

행동 낱말을 넣어 짧은 글짓기를 해 볼까요? (예) 강아지의 행동이 귀여웠어요.

행동 :

몸짓

(뜻) : 무슨 뜻을 나타내려고 몸을 움직이는 것.
(교과서 예문) 만화 영화를 볼 때에는 인물의 표정, 몸짓을 자세히 살펴봐요.

⊙ 낱말을 따라 써 볼까요?

| 몸 | 짓 | | 몸 | 짓 | | 몸 | 짓 | | 몸 | 짓 | | 몸 | 짓 | |

⊙ 글을 따라 써 볼까요?

| 동 | 생 | 이 | | 내 | | 몸 | 짓 | 을 | | 흉 | 내 | | 내 | 요 |

몸짓 낱말을 넣어 짧은 글짓기를 해 볼까요? (예) 동생이 몸짓으로 원숭이 흉내를 냈어요.

몸짓 :

등장인물

(뜻) : 연극·소설·영화 등에 나오는 인물.
(교과서 예문) 등장인물은 누구누구인가요?

⊙ 낱말을 따라 써 볼까요?

| 등 | 장 | 인 | 물 | | 등 | 장 | 인 | 물 | | 등 | 장 | 인 | 물 |

⊙ 글을 따라 써 볼까요?

| 영 | 화 | 의 | | 등 | 장 | 인 | 물 | 이 | | 궁 | 금 | 했 | 어 | 요 |

등장인물 낱말을 넣어 짧은 글짓기를 해 볼까요? (예) 그 영화에는 등장인물이 여러 명 나와요.

등장인물 :

감동적

(뜻) : 크게 느끼어 마음이 움직이는 것.
(교과서 예문) 재미있거나 감동적인 장면을 찾아보세요.

⊙ 낱말을 따라 써 볼까요?

| 감 | 동 | 적 | | 감 | 동 | 적 | | 감 | 동 | 적 | | 감 | 동 | 적 |

⊙ 글을 따라 써 볼까요?

| 그 | | 만 | 화 | 는 | | 정 | 말 | | 감 | 동 | 적 | 이 | 에 | 요 |

감동적 낱말을 넣어 짧은 글짓기를 해 볼까요? (예) 감동적인 드라마를 보면 가슴이 뭉클해요.

감동적 :

더 해보아요

앞에서 공부한 낱말들을 떠올리며 문제를 풀어 볼까요?

1) 뜻을 읽으면서 네모 안의 낱말을 그대로 따라 써 볼까요?

(1) '어느 날 아침'처럼 일이 일어난 때를 알려주는 말. 시간을 나타내는 말

(2) 인물이 소리 내어 한 말을 적을 때 쓰는 문장 부호. 큰따옴표

(3) 인물이 마음속으로 한 말을 적을 때 쓰는 문장 부호. 작은따옴표

(4) 무슨 뜻을 나타내려고 몸을 움직이는 것. 몸짓

(5) 연극·소설·영화 등에 나오는 인물. 등장인물

2) 낱말의 뜻이 무엇인지 (　) 안에서 골라 O표 해 볼까요?

(1) 생각하다 ＝ 어떤 사물이나 이치를 헤아리고 (따지다 / 버리다).

(2) 신기하다 ＝ 믿을 수 없을 정도로 (놀랍고 / 반갑고) 색다르다.

(3) 서두르다 ＝ 어떤 일을 빨리 해치우려고 (게으르게 / 바삐) 움직이다.

(4) 감동적 ＝ 크게 느끼어 마음이 (멈추는 / 움직이는) 것.

3) 밑줄 친 낱말을 틀리게 설명한 친구에게 O표 해 볼까요?

(1) (　　　)　　　　(2) (　　　)　　　　(3) (　　　)

4) 밑줄 친 낱말 중 시간을 나타내는 말이 아닌 것은 무엇일까요? (   )

(1)도둑들은 깊은 밤에만 움직이는 것 같아요.

(2)어느 날 아침에 길고양이를 만났어요.

(3)아빠와 엄마는 매일 이른 시간에 일어나서 하루를 준비해요.

(4)길거리에서 우연히 친구를 만났어요.

(5)저녁이 되자 새들이 집으로 돌아갔어요.

5) 뜻에 알맞은 낱말이 되도록 (보기)에서 글자를 찾아 써 볼까요?

> 보기 :　　행　　　인　　　신　　　감

(1) 연극 · 소설 · 영화 등에 나오는 인물. = 등 | 장 | | 물

(2) 몸을 움직여 어떤 짓을 하거나 일을 하는 것. = | 동

(3) 크게 느끼어 마음이 움직이는 것. = | 동 | 적

(4) 믿을 수 없을 정도로 놀랍고 색다르다. = | 기 | 하 | 다

*앞에서 배운 낱말 중에 잘 알고 있는 것에 O를 할까요?

(   )생각하다 (   )신기하다 (   )서두르다 (   )시간을 나타내는 말 (   )큰따옴표

(   )작은따옴표 (   )행동 (   )몸짓 (   )등장인물 (   )감동적

*오늘 있었던 일 중에서 낱말 두 가지를 정하여 짧은 글짓기를 해 볼까요?

(예) 강아지 : 강아지를 키우고 싶은데 엄마가 안 된다고 반대해요.

(1)

____

(2)

____

해답 : 2)(1)따지다 (2)놀랍고 (3)바빠 (4)움직이는 / 3)(3) / 4)(4) / 5)(1)인 (2)행 (3)감 (4)신

약속

낱말 뜻을 이해하고 낱말의 쓰임을 완벽하게 익혀볼까요?

약속 교과서 어휘
수록 교과서 약속 1-2

권리

(뜻) : 다른 사람에게 요구할 수 있는 마땅한 힘이나 자격.
(교과서 예문) 작은 나에게도 권리가 있어요.

⊙ **낱말을 따라 써 볼까요?**

| 권 | 리 | | 권 | 리 | | 권 | 리 | | 권 | 리 | | 권 | 리 | |

⊙ **글을 따라 써 볼까요?**

| 나 | 도 | | 축 | 구 | 할 | | 권 | 리 | 가 | | 있 | 어 | 요 | |

권리 낱말을 넣어 짧은 글짓기를 해 볼까요? (예) 나의 권리를 누리기로 했어요.

권리 :

차별

(뜻) : 둘 이상의 대상을 두고 각각 차이를 두어 구별하는 것.
(교과서 예문) 어떤 차별도 받지 않아요.

⊙ **낱말을 따라 써 볼까요?**

| 차 | 별 | | 차 | 별 | | 차 | 별 | | 차 | 별 | | 차 | 별 | |

⊙ **글을 따라 써 볼까요?**

| 친 | 구 | 들 | 을 | | 차 | 별 | 하 | 면 | | 안 | | 되 | 어 | 요 |

차별 낱말을 넣어 짧은 글짓기를 해 볼까요? (예) 엄마는 나와 형을 차별하지 않아요.

차별 :

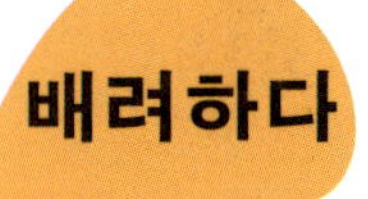 **배려하다**

(뜻) : 도와주거나 보살펴 주려고 마음을 쓰다.
(교과서 예문) 다른 사람도 배려해요.

⊙ **낱말을 따라 써 볼까요?**

| 배 | 려 | 하 | 다 | | 배 | 려 | 하 | 다 | | 배 | 려 | 하 | 다 | |

⊙ **글을 따라 써 볼까요?**

| 몸 | 이 | | 약 | 한 | | 친 | 구 | 를 | | 배 | 려 | 했 | 어 | 요 |

배려하다 낱말을 넣어 짧은 글짓기를 해 볼까요? (예) 동생이 나를 배려하느라 빵을 안 먹었어요.

배려하다 :

에너지

(뜻) : 인간 활동 또는 기계 등을 움직이게 하는 힘.
(교과서 예문) 에너지를 아끼려면 어떻게 해야 할까요?

⊙ **낱말을 따라 써 볼까요?**

| 에 | 너 | 지 | | 에 | 너 | 지 | | 에 | 너 | 지 | | 에 | 너 | 지 |

⊙ **글을 따라 써 볼까요?**

| 에 | 너 | 지 | 를 | | 아 | 껴 | 야 | | 해 | 요 | | | | |

에너지 낱말을 넣어 짧은 글짓기를 해 볼까요? (예) 바람도 좋은 에너지가 되어요.

에너지 :

분리배출

(뜻) : 쓰레기를 종류별로 나누어서 버림.
(교과서 예문) 쓰레기는 분리배출 꼭꼭 지켜요

⊙ **낱말을 따라 써 볼까요?**

| 분 | 리 | 배 | 출 | | 분 | 리 | 배 | 출 | | 분 | 리 | 배 | 출 | |

⊙ **글을 따라 써 볼까요?**

| 우 | 리 | 는 | | 분 | 리 | 배 | 출 | 을 | | 잘 | 해 | 요 | | |

분리배출 낱말을 넣어 짧은 글짓기를 해 볼까요? (예) 우리 아파트는 화요일마다 분리배출을 해요.

분리배출 :

약속

낱말 뜻을 이해하고 낱말의 쓰임을 완벽하게 익혀볼까요?

약속 교과서 어휘
수록 교과서 약속 1-2

환경보호

(뜻) : 자연환경을 잘 가꾸고 보존하는 일.
(교과서 예문) 음식을 먹을 때 환경을 보호하는 방법을 알아볼까요?

⊙ **낱말을 따라 써 볼까요?**

| 환 | 경 | 보 | 호 | | 환 | 경 | 보 | 호 | | 환 | 경 | 보 | 호 | |

⊙ **글을 따라 써 볼까요?**

| 환 | 경 | 보 | 호 | 는 | | 아 | 주 | | 중 | 요 | 해 | 요 |

환경보호 낱말을 넣어 짧은 글짓기를 해 볼까요? (예) 환경보호는 우리 모두를 위해 꼭 필요해요.

환경보호 :

평화

(뜻) : 걱정이나 탈이 없이 조용하고 화목하다.
(교과서 예문) 내가 생각하는 평화는 무엇인가요?

⊙ **낱말을 따라 써 볼까요?**

| 평 | 화 | | 평 | 화 | | 평 | 화 | | 평 | 화 | | 평 | 화 | |

⊙ **글을 따라 써 볼까요?**

| 우 | 리 | 는 | | 평 | 화 | 를 | | 누 | 리 | 며 | | 살 | 아 | 요 |

평화 낱말을 넣어 짧은 글짓기를 해 볼까요? (예) 동생이 엄마 품에서 평화롭게 잠들었어요.

평화 :

존중하다   (뜻) : 사람 또는 의견을 높게 여기며 귀하게 대하다.
（교과서 예문) 나를 존중해 주는 사람들이 있지요

⊙ **낱말을 따라 써 볼까요?**

| 존 | 중 | 하 | 다 | | 존 | 중 | 하 | 다 | | 존 | 중 | 하 | 다 | |

⊙ **글을 따라 써 볼까요?**

| 우 | 리 | 는 | | 서 | 로 | 를 | | 존 | 중 | 해 | 야 | | 해 | 요 |

존중하다 낱말을 넣어 짧은 글짓기를 해 볼까요?   (예) 나는 강아지도 존중해야 된다고 생각해요.

존중하다 :

안전 수칙   (뜻) : 위험이 생기거나 사고가 나지 않도록 지켜야 할 사항을 정한 규칙.
（교과서 예문) 안전 수칙을 지키며 킥보드를 타 볼까요?

⊙ **낱말을 따라 써 볼까요?**

| 안 | 전 | | 수 | 칙 | | 안 | 전 | | 수 | 칙 | | |

⊙ **글을 따라 써 볼까요?**

| 산 | 에 | 서 | | 안 | 전 | | 수 | 칙 | 을 | | 지 | 켰 | 어 | 요 |

안전 수칙 낱말을 넣어 짧은 글짓기를 해 볼까요?   (예) 어디에서나 안전 수칙을 지키는 것이 중요해요.

안전 수칙 :

폭력   (뜻) : 남을 해치거나 질서를 파괴하는 강제적이고 육체적인 힘.
（교과서 예문) 가정에서 일어날 수 있는 폭력을 알아볼까요?

⊙ **낱말을 따라 써 볼까요?**

| 폭 | 력 | | 폭 | 력 | | 폭 | 력 | | 폭 | 력 | | 폭 | 력 |

⊙ **글을 따라 써 볼까요?**

| 폭 | 력 | 을 | | 쓰 | 면 | | 절 | 대 | | 안 | | 돼 | 요 |

폭력 낱말을 넣어 짧은 글짓기를 해 볼까요?   (예) 험한 욕도 폭력이에요.

폭력 :

더 해보아요

앞에서 공부한 낱말들을 떠올리며 문제를 풀어 볼까요?

1) 뜻을 읽으면서 네모 안의 낱말을 그대로 따라 써 볼까요?

(1)둘 이상의 대상을 두고 각각 차이를 두어 구별하는 것. 　차별

(2)쓰레기를 종류별로 나누어서 버림. 　분리배출

(3)자연환경을 잘 가꾸고 보존하는 일. 　환경보호

(4)위험이 생기거나 사고가 나지 않도록 지켜야 할 사항을 정한 규칙. 　안전 수칙

(5)남을 해치거나 질서를 파괴하는 강제적이고 육체적인 힘. 　폭력

2) 문장에 어울리는 낱말을 (　) 안에서 골라 O표 해 볼까요?

(1)우리 어린이는 어른들에게 보호받을 (권리가 / 약속이) 있어요.

(2)전철 안에서는 조용히 하는 것이 다른 사람을 위한 (배짱 / 배려)예요.

(3)전기는 꼭 아껴 써야 하는 소중한 (소모품 / 에너지)예요.

(4)우리 반은 싸우는 일 없이 (불안하게 / 평화롭게) 잘 지내고 있어요.

(5)친구 말을 끝까지 들어주는 것도 친구를 (존중 / 무시)하는 방법이에요.

3) 밑줄 친 낱말을 알맞게 쓴 친구에게 O표 해 볼까요?

(1)(　　　)　　　　(2)(　　　)　　　　(3)(　　　)

4) 낱말의 뜻을 찾아 (   )에 기호를 쓰고 선으로 이어 볼까요?

(1) 평화 (   )·

(2) 차별 (   )·

(3) 존중 (   )·

(4) 권리 (   )·

(5) 에너지 (   )·

· ㉠사람 또는 의견을 높게 여기며 귀하게 대하다.

· ㉡둘 이상의 대상을 두고 각각 차이를 두어 구별하는 것.

· ㉢걱정이나 탈이 없이 조용하고 화목하다.

· ㉣인간 활동 또는 기계 등을 움직이게 하는 힘.

· ㉤다른 사람에게 요구할 수 있는 마땅한 힘이나 자격.

(5) 그림에서 남을 배려하는 친구는 누구일까요? (   )

(1)

(2)

*앞에서 배운 낱말 중에 잘 알고 있는 것에 O를 할까요?

(   )권리 (   )차별 (   )배려하다 (   )에너지 (   )분리배출
(   )환경보호 (   )평화 (   )존중하다 (   )안전 수칙 (   )폭력

*오늘 있었던 일 중에서 낱말 두 가지를 정하여 짧은 글짓기를 해 볼까요?

(예) 독서 : 나와 동생은 아침에 일어나서 한 시간씩 독서를 해요.

(1)

(2)

받아쓰기를 해보아요

앞에서 배운 단어를 떠올리며 맞는 낱말에 O표를 하고 문장을 따라 써 볼까요?

1) 동생은 (재대로 / 제대로) 하는 일이 없어요.

2)우리는 (차례대로 / 차레대로) 급식실로 들어갔어요.

3)동그라미, 네모, (세모 / 새모) 모양의 그림을 그렸어요.

4)우리 집 시계는 (짧은바늘 / 짤은바늘)이 잘 안 보여요.

5)등교 준비를 (서두르다 / 서둘으다) 숙제를 못 챙겼어요.

6)일기에 (작은따옴표 / 작은따음표)를 처음으로 써 보았어요.

7)무용을 할 때는 손짓과 (몸짓 / 몸짇)이 아름다워야 해요.

8)동생이 나한테 무슨 (권리 / 궐리)로 때리냐고 따졌어요.

9)(환경보호 / 한경보호)를 위해 쓰레기 줍기를 했어요.

10)우리 마을은 화요일에 (불리배출 / 분리배출)을 실시해요.

〈어린왕자와 사막여우를 만나러 가요〉

*동화를 소리 내어 읽으며 앞에서 배운 낱말을 [　] 안에 써 볼까요?

어린왕자는 따르릉 요란하게 울리는 시계 소리에 눈을 떴어요.

"지금 몇 시야?"

"[짧은바늘]은 8, [긴바늘]은 12를 가리키고 있어."
사막여우가 퉁명스럽게 대답했어요.

"어젯밤에 [그림일기]를 쓰다 잠든 것 같은데 이 [시각]에 눈을
떴네."

사막여우는 어린왕자를 어이없는 표정을 지으며 물었어요.

"무슨 소리야? 장미꽃 얘기만 하고 또 하고 그랬잖아."

"진짜 그랬어? 근데 정말 나는 아무리 [생각해도] 기억이 안 나."

"장미꽃이 너만 보면 [또박또박] 따지는 말밖에 할 줄 모른다고 했잖
아."

"아마 잠꼬대를 했던 것 같아."

사막여우는 그런 말을 하는 어린왕자를 빤히 바라보았어요.

㉠"너는 장미꽃 옆으로 돌아가면 행복할 것 같아?"

사막여우의 엉뚱한 질문에 어린왕자는 잠깐 당황했어요.

"너는 장미꽃을 [배려] 하느라 너를 위해서는 아무것도 못 하잖아."

"장미꽃은 연약해. 장미꽃의 무기는 날카로운 가시가 전부야."

"네 별은 네가 없어도 평화롭게 잘 돌아가고 있을 거야. 너를 존중할 줄도 모르는 장미꽃도 잘 있을 것이고."

사막여우는 괜히 심술이 났어요.

"너도 네 장미꽃처럼 예쁜 꽃을 많이 봤다면서? 내 경험인데 네 장미꽃처럼 잘 난 척하는 꽃은 참 많아. 네 장미꽃밖에 사랑할 줄 모르는 네 행동도 전혀 감동적이지 않아!"

사막여우의 말에 어린왕자는 화가 났어요.

ⓛ"내 장미꽃을 헐뜯지 마! 내 장미꽃처럼 아름다운 꽃은 세상에 단 한 송이밖에 없어! 얼마나 아름다운지 너한테도 보여주고 싶어."

"꽃은 다 예뻐! 네 장미꽃만 예쁘다고 생각하는 네가 정말 바보 같아!"

사막여우도 지지 않았어요.

"그깟 날카로운 가시로 폭력적인 맹수들을 이길 수 있다고? 네 장미꽃은 허풍쟁이야!"

사막여우가 쏘아붙이자 어린왕자는 한동안 아무 대꾸도 못했어요.

어린왕자의 시무룩한 표정을 본 사막여우는 몹시 미안했어요. 그래서 어린왕자가 뭘 좋아하는지 잠깐 생각하고 조심스럽게 입을 열었어요.

"너는 꽃을 좋아하지? 우리 주말에 꽃구경 갈래? 그럼 네 장미꽃을 보고 싶은 마음도 많이 가라앉을 거야."

ⓒ사막여우는 어린왕자 얼굴을 똑바로 보지 못한 채 작게 중얼거렸어요.

나도 작가) 여러분이 그다음 이야기를 지어 볼까요?

어린왕자 :

사막여우 :

<독해 실력이 쑥쑥쑥> 

◉어린왕자와 사막여우 동화로 독해 실력을 높여 볼까요?

1) 글의 내용과 맞지 않은 것을 골라 볼까요? (   )

(1)어린왕자가 늦잠을 잤다.

(2)어린왕자는 그림일기를 쓰다 잠들었다고 말한다.

(3)사막여우는 어린왕자가 장미꽃 이야기만 하다 잠들었다고 한다.

(4)사막여우는 장미꽃만 사랑하는 어린왕자가 못마땅하다.

(5)사막여우는 장미꽃이 능력이 많다고 여긴다.

2) 글에 대한 설명으로 옳지 않은 것을 골라 볼까요? (   )

(1)어린왕자는 장미꽃을 몹시 보고 싶어한다.

(2)사막여우는 장미꽃을 허풍쟁이라고 여긴다.

(3)사막여우는 모든 꽃은 다 아름답다고 여긴다.

(4)어린왕자는 꽃은 다 아름답다고 여긴다.

(5)어린왕자는 별에 있는 장미꽃이 가장 아름답다고 여긴다.

3) 글에 나오지 않은 내용은 무엇일까요? (   )

(1)어린왕자는 장미꽃 생각을 하다 늦잠을 잤다.

(2)사막여우는 장미꽃만 생각하는 어린왕자를 이해할 수 없다.

(3)어린왕자는 사막여우에게 장미꽃을 보여주고 싶어 한다.

(4)사막여우는 어린왕자가 별로 돌아가 행복하게 살 거라고 믿는다.

(5)사막여우는 어린왕자에게 주말에 꽃구경을 가자고 한다.

(해답) 1)(5) / 2)(4) / 3)(4)

〈문해 실력이 쑥쑥쑥〉 

◉어린왕자와 사막여우 동화로 문해 실력을 높여 볼까요?

1) ㉠에서 사막여우는 왜 그런 말을 했을까요? (　　)

(1)장미꽃만 사랑하는 어린왕자가 보기 좋아서

(2)어린왕자를 따라가고 싶어서

(3)사막여우 혼자 남을까 봐 두려워서

(4)장미꽃만 생각하는 어린왕자가 안타까워서

(5)어린왕자와 놀러 가고 싶어서

2) ㉡에서 어린왕자는 왜 그런 말을 했을까요? (　　)

(1)사막여우가 왜 그런 말을 하는지 잘 이해해서

(2)자신이 좋아하는 장미꽃을 흉보는 것이 싫어서

(3)자신도 사막여우처럼 생각하지만 티 내지 않으려고.

(4)이렇게 해야 장미꽃이 좋아할 것 같아서

(5)장미꽃이 너무 보고 싶어서

3) ㉢에서 사막여우는 왜 어린왕자 얼굴을 피했을까요? (　　)

(1)장미꽃만 그리워하는 어린왕자를 보기 싫어서

(2)말다툼하기 싫어서

(3)어린왕자가 꽃구경 가기 싫다고 할까 봐

(4)어린왕자 마음을 아프게 한 것이 미안해서

(5)어린왕자가 더 화를 낼까 봐

교과서 어휘력이 문해력의 시작이다!

- 한글의 어휘력 · 독해력 · 문해력을 그만 무시!
- 어휘력 · 독해력 · 문해력 실력은 모든 학업의 기본!
- 어휘력 · 독해력 · 문해력을 해결하려면 낱말 반복 복습부터 시작!
- 초등학교 교과서의 어휘력 · 독해력 · 문해력 해결은 명문대 입학의 지름길!

1회

국어 교과서 어휘

흥미 / 관심 / 백성 / 획 / 방향 / 세종대왕 /
한자 / 자유롭다 / 추천하다 / 독서

공부한 날 (　　)월 (　　)일

2회

수학 교과서 어휘

줄이다 / 남김없이 / 옮기다 / 합 / 차 /
규칙 / 꾸미다 / 체험 / 생활 / 반복

공부한 날 (　　)월 (　　)일

3회

국어 교과서 어휘

**발견 / 발명 / 위대하다 / 일회용품 / 함께 /
경주 / 땋다 / 번갈아 / 새하얗다 / 반대말**

공부한 날 ( )월 ( )일

4회

상상 교과서 어휘

**얼마든지 / 태어나다 / 딱딱하다 / 단단하다 /
동그랗다 / 거꾸로 / 괜스레 / 막무가내 /
독차지 / 변신**

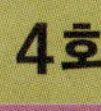

공부한 날 ( )월 ( )일

· 더 해보아요
· 받아쓰기를 해보아요
· 어린왕자와 사막여우를 만나러 가요
· 독해력이 쑥쑥쑥
· 문해력이 쑥쑥쑥

5. 생각을 키워요

낱말 뜻을 이해하고 낱말의 쓰임을 완벽하게 익혀볼까요?

국어 교과서 어휘
수록 교과서 국어 1-2 ④

흥미

(뜻) : 재미가 있어서 마음이 쏠리는 것.
(교과서 예문) 글자와 책에 흥미 가지기

⊙ **낱말을 따라 써 볼까요?**

| 흥 | 미 | | 흥 | 미 | | 흥 | 미 | | 흥 | 미 | | 흥 | 미 | |

⊙ **글을 따라 써 볼까요?**

| 위 | 인 | 전 | 은 | | 정 | 말 | | 흥 | 미 | 로 | 워 | 요 | |

흥미 낱말을 넣어 짧은 글짓기를 해 볼까요? (예) 형은 어려서부터 로봇에 흥미가 많았어요.

흥미 :

관심

(뜻) : 어떤 것에 감정이나 마음이 쏠리는 것.
(교과서 예문) 한글에 관심 가지기

⊙ **낱말을 따라 써 볼까요?**

| 관 | 심 | | 관 | 심 | | 관 | 심 | | 관 | 심 | | 관 | 심 | |

⊙ **글을 따라 써 볼까요?**

| 요 | 즘 | | 축 | 구 | 에 | | 관 | 심 | 이 | | 많 | 아 | 요 |

관심 낱말을 넣어 짧은 글짓기를 해 볼까요? (예) 동생은 먹는 것에 관심이 많아요.

관심 :

백성

(뜻) : 옛날에 국민을 이르던 말. 요즘의 보통 국민. / (교과서 예문) 한글을 누가, 어떻게 만들었는지 생각하며 『백성을 위해 세종대왕이 만든 글자, 한글!』을 봅시다.

⊙ 낱말을 따라 써 볼까요?

| 백 | 성 | | 백 | 성 | | 백 | 성 | | 백 | 성 | | 백 | 성 | |

⊙ 글을 따라 써 볼까요?

| 세 | 종 | 대 | 왕 | 은 | | 백 | 성 | 을 | | 아 | 꼈 | 어 | 요 |

백성 낱말을 넣어 짧은 글짓기를 해 볼까요? (예) 나쁜 왕들은 백성을 너무 괴롭혔어요.

백성 :

획

(뜻) : 글씨나 그림에서 한 번 붓을 움직여 그은 선이나 점.
(교과서 예문) 'ㄱ'에서 한 획을 더 그으면 'ㅋ'이 됩니다.

⊙ 낱말을 따라 써 볼까요?

| 획 | 획 | 획 | 획 | 획 | 획 | 획 | 획 |

⊙ 글을 따라 써 볼까요?

| 한 | | 획 | 두 | | 획 | 힘 | 주 | 어 | | 썼 | 어 | 요 |

획 낱말을 넣어 짧은 글짓기를 해 볼까요? (예) 'ㄷ'에서 한 획을 그으면 'ㅌ'이 되어요.

획 :

방향

(뜻) : 무엇이 나아가거나 향하는 쪽.
(교과서 예문) 방향을 달리하면 다른 글자가 됩니다.

⊙ 낱말을 따라 써 볼까요?

| 방 | 향 | | 방 | 향 | | 방 | 향 | | 방 | 향 | | 방 | 향 | |

⊙ 글을 따라 써 볼까요?

| 그 | | 방 | 향 | 으 | 로 | | 가 | 면 | | 학 | 교 | 예 | 요 |

방향 낱말을 넣어 짧은 글짓기를 해 볼까요? (예) 공원 방향으로 가다 보면 운동장이 나와요.

방향 :

5. 생각을 키워요

낱말 뜻을 이해하고 낱말의 쓰임을 완벽하게 익혀볼까요?

세종대왕

(뜻) : 조선 제4대 임금. 처음으로 한글을 만들어내는 등 큰 업적을 남김.

(교과서 예문)『백성을 위해 세종대왕이 만든 글자, 한글!』을 보고 물음에 답해 봅시다.

⊙ **낱말을 따라 써 볼까요?**

| 세 | 종 | 대 | 왕 | | 세 | 종 | 대 | 왕 | | 세 | 종 | 대 | 왕 | |

⊙ **글을 따라 써 볼까요?**

| 세 | 종 | 대 | 왕 | 은 | | 훌 | 륭 | 한 | | 위 | 인 | 이 | 에 | 요 |

세종대왕 낱말을 넣어 짧은 글짓기를 해 볼까요? (예) 세종대왕은 우리 모두가 존경해요.

세종대왕 :

한자

(뜻) : 중국에서 만든 중국의 글자.

(교과서 예문) 한자로만 글을 썼을 때 어떤 문제가 있었나요?

⊙ **낱말을 따라 써 볼까요?**

| 한 | 자 | 한 | 자 | 한 | 자 | 한 | 자 | 한 | 자 | |

⊙ **글을 따라 써 볼까요?**

| 한 | 자 | 는 | | 어 | 려 | 운 | | 공 | 부 | 예 | 요 | | |

한자 낱말을 넣어 짧은 글짓기를 해 볼까요? (예) 한자로 내 이름을 쓸 줄 알아요.

한자 :

자유롭다 (뜻) : 아무 구속도 받지 않고 자기 마음대로.
(교과서 예문) 자기의 생각을 자유롭게 글로 표현할 수 있는 것도 한글이 있어서예요.

◉ 낱말을 따라 써 볼까요?

자	유	롭	다		자	유	롭	다		자	유	롭	다	

◉ 글을 따라 써 볼까요?

강	아	지	가		자	유	롭	게		뛰	어	다	녀	요

자유롭다 낱말을 넣어 짧은 글짓기를 해 볼까요? (예) 형은 시험이 끝나서 자유롭게 놀아요.

자유롭다 :

추천하다 (뜻) : 어떤 일에 알맞은 사람이나 물건을 소개하다. / (교과서 예문) 책에 재미를 더 느낄 수 있도록 동키에게 자신이 읽은 책 가운데서 한 권을 추천해 보세요.

◉ 낱말을 따라 써 볼까요?

추	천	하	다		추	천	하	다		추	천	하	다	

◉ 글을 따라 써 볼까요?

동	화	책	을		친	구	에	게		추	천	했	어	요

추천하다 낱말을 넣어 짧은 글짓기를 해 볼까요? (예) 이모가 가족 여행 가면 좋을 곳을 추천했어요.

추천하다 :

독서 (뜻) : 재미와 교양을 위해 책을 읽는 것.
(교과서 예문) 독서 계획 세우기

◉ 낱말을 따라 써 볼까요?

독	서		독	서		독	서		독	서		독	서

◉ 글을 따라 써 볼까요?

아	침	마	다		독	서	를		해	요			

독서 낱말을 넣어 짧은 글짓기를 해 볼까요? (예) 나는 독서만 하면 졸음이 쏟아져요.

독서 :

더 해보아요

앞에서 공부한 낱말들을 떠올리며 문제를 풀어 볼까요?

1) 뜻을 읽으면서 네모 안의 낱말을 그대로 따라 써 볼까요?

(1) 어떤 것에 감정이나 마음이 쏠리는 것.   관심

(2) 옛날에 국민을 이르던 말. 요즘의 보통 국민.   백성

(3) 글씨나 그림에서 한 번 붓을 움직여 그은 선이나 점.   획

(4) 조선 제4대 임금. 처음으로 한글을 만들고 큰 업적을 남김.   세종대왕

(5) 중국에서 만든 중국의 글자.   한자

2) 빈칸에 들어갈 알맞은 글자를 모두 골라 ○표 해 볼까요?

(1) ☐☐ 는 재미가 있어서 마음이 쏠리는 것이다. = 홍 대 미 한 국

(2) ☐☐ 은 나아가거나 향하는 쪽을 뜻한다. = 향 민 망 방 세

(3) ☐☐ 는 재미와 교양을 위하여 책을 읽는 것이다. = 우 독 서 리 나

3) 밑줄 친 낱말을 알맞게 사용한 친구에게 ○표 해 볼까요?

(1) (   )   (2) (   )

4) 문장에 어울리는 낱말을 (   ) 안에서 골라 O표 해 볼까요?

(1) 형은 로봇 만들기에 (흥미 / 재주)를 느끼기 시작했어요.

(2) 나는 과학책에 (능력 / 관심)이 아주 많아요.

(3) 강아지는 집으로 가는 (방향 / 방법)을 제대로 알고 있어요.

(4) 그림을 그릴 때 내 생각을 (자유롭게 / 평화롭게) 표현했어요.

(5) 도서관에 가서 (노래 / 독서)를 하는 것이 즐거워요.

5) 낱말의 뜻을 찾아 (   )에 기호를 쓰고 선으로 이어 볼까요?

(1) 세종대왕 (   ) ·   · ㉠중국에서 만든 중국의 글자.

(2) 한자 (   ) ·   · ㉡옛날에 국민을 이르는 말.

(3) 백성 (   ) ·   · ㉢조선 제4대 임금. 한글을 만드는 등 큰 업적을 남김.

(4) 획   (   ) ·   · ㉣글씨나 그림에서 한 번 붓을 움직여 그은 선이나 점.

*앞에서 배운 낱말 중에 잘 알고 있는 것에 O를 할까요?

(   )흥미 (   )관심 (   )백성 (   )획 (   )방향
(   )세종대왕 (   )한자 (   )자유롭다 (   )추천하다 (   )독서

*오늘 있었던 일 중에서 낱말 두 가지를 정하여 짧은 글짓기를 해 볼까요?

(예) 부모님 : 우리 부모님은 아침 6시에 일어나서 하루를 시작해요.

(1)

____

(2)

____

4. 덧셈과 뺄셈

낱말 뜻을 이해하고 낱말의 쓰임을 완벽하게 익혀볼까요?

수학 교과서 어휘
수록 교과서 수학 1-2

줄이다

(뜻) : 무엇의 크기나 길이를 줄게 하다.
(교과서 예문) 우리 함께 쓰레기를 줄여요

⊙ **낱말을 따라 써 볼까요?**

| 줄 | 이 | 다 | | 줄 | 이 | 다 | | 줄 | 이 | 다 | | 줄 | 이 | 다 |

⊙ **글을 따라 써 볼까요?**

| 군 | 것 | 질 | 을 | | 줄 | 이 | 기 | 로 | | 했 | 어 | 요 | |

줄이다 낱말을 넣어 짧은 글짓기를 해 볼까요? (예) 음식 쓰레기를 줄이기로 약속했어요.

줄이다 :

남김없이

(뜻) : 남기는 것이 없이 모조리.
(교과서 예문) 남김없이 먹은 음식이 몇 가지인지 수를 세고 친구와 더해 봐요.

⊙ **낱말을 따라 써 볼까요?**

| 남 | 김 | 없 | 이 | | 남 | 김 | 없 | 이 | | 남 | 김 | 없 | 이 |

⊙ **글을 따라 써 볼까요?**

| 형 | 이 | | 남 | 김 | 없 | 이 | | 밥 | 을 | | 먹 | 었 | 어 | 요 |

남김없이 낱말을 넣어 짧은 글짓기를 해 볼까요? (예) 수학 문제집을 남김없이 풀었어요.

남김없이 :

옮기다

(뜻) : 물건을 다른 곳으로 가져다 놓다.

(교과서 예문) 구슬을 옮겨 구할 수 있어요.

⊙ **낱말을 따라 써 볼까요?**

옮	기	다		옮	기	다		옮	기	다		옮	기	다

⊙ **글을 따라 써 볼까요?**

형	하	고		책	상	을		옮	겼	어	요			

옮기다 낱말을 넣어 짧은 글짓기를 해 볼까요? (예) 동생한테 감기를 옮겼어요.

옮기다 :

합

(뜻) : 여러 수를 모두 더한 값.

(교과서 예문) 9+4와 합이 같은 식을 모두 찾아 (빨간색)으로 색칠해 보세요.

⊙ **낱말을 따라 써 볼까요?**

합	합	합	합	합	합	합	합

⊙ **글을 따라 써 볼까요?**

4	와		5	의		합	은		9	예	요			

합 낱말을 넣어 짧은 글짓기를 해 볼까요? (예) 수학 문제의 합을 구해서 적었어요.

합 :

차

(뜻) : 어떤 수효에서 다른 수효를 뺀 나머지.

(교과서 예문) 12-5와 같은 식을 모두 찾아 (파란색)으로 색칠해 보세요.

⊙ **낱말을 따라 써 볼까요?**

차	차	차	차	차	차	차	차

⊙ **글을 따라 써 볼까요?**

12	와		7	의		차	는		5	가		되	어	요

차 낱말을 넣어 짧은 글짓기를 해 볼까요? (예) 두 수의 차가 가장 큰 것을 골라 적었어요.

차 :

5. 규칙 찾기

낱말 뜻을 이해하고 낱말의 쓰임을 완벽하게 익혀볼까요?

수학 교과서 어휘
수록 교과서 수학 1-2

규칙

(뜻) : 한 조직의 여러 사람이 다 같이 지키기로 정한 법칙.
(교과서 예문) 여러 가지 규칙을 찾아볼까요?

⊙ 낱말을 따라 써 볼까요?

| 규 | 칙 | | 규 | 칙 | | 규 | 칙 | | 규 | 칙 | | 규 | 칙 |

⊙ 글을 따라 써 볼까요?

| 규 | 칙 | | 있 | 는 | | 생 | 활 | 을 | | 해 | 야 | | 해 | 요 |

규칙 낱말을 넣어 짧은 글짓기를 해 볼까요? (예) 아빠는 아침마다 규칙적으로 운동을 해요.

규칙 :

꾸미다

(뜻) : 무엇을 매만져 모양을 좋게 하다.
(교과서 예문) 창문을 꾸며 보세요.

⊙ 낱말을 따라 써 볼까요?

| 꾸 | 미 | 다 | | 꾸 | 미 | 다 | | 꾸 | 미 | 다 | | 꾸 | 미 | 다 |

⊙ 글을 따라 써 볼까요?

| 엄 | 마 | 가 | | 거 | 실 | 을 | | 예 | 쁘 | 게 | | 꾸 | 며 | 요 |

꾸미다 낱말을 넣어 짧은 글짓기를 해 볼까요? (예) 내 방은 내가 꾸미겠다고 했어요

꾸미다 :

체험

(뜻) : 직접 겪은 일.
(교과서 예문) 안전 체험관 벽과 같은 색으로 칠해 보세요

⊙ **낱말을 따라 써 볼까요?**

| 체 | 험 | | 체 | 험 | | 체 | 험 | | 체 | 험 | | 체 | 험 | |

⊙ **글을 따라 써 볼까요?**

| 과 | 학 | 관 | 에 | 서 | | 별 | | 체 | 험 | 을 | | 했 | 어 | 요 |

체험 낱말을 넣어 짧은 글짓기를 해 볼까요? (예) 바다에 가서 많은 체험을 했어요.

체험 :

생활

(뜻) : 매일 살아가는 것.
(교과서 예문) 생활에서 규칙을 찾아요

⊙ **낱말을 따라 써 볼까요?**

| 생 | 활 | | 생 | 활 | | 생 | 활 | | 생 | 활 | | 생 | 활 | |

⊙ **글을 따라 써 볼까요?**

| 나 | 는 | | 학 | 교 | | 생 | 활 | 이 | | 재 | 미 | 있 | 어 | 요 |

생활 낱말을 넣어 짧은 글짓기를 해 볼까요? (예) 야생 동물들의 생활이 궁금했어요.

생활 :

반복

(뜻) : 같은 일을 되풀이하는 것.
(교과서 예문) 나는 5, 7, 7, 5, 7, 7처럼 5와 7로 반복되는 규칙을 만들 거야.

⊙ **낱말을 따라 써 볼까요?**

| 반 | 복 | | 반 | 복 | | 반 | 복 | | 반 | 복 | | 반 | 복 | |

⊙ **글을 따라 써 볼까요?**

| 매 | 일 | | 반 | 복 | 해 | 서 | | 피 | 아 | 노 | 를 | | 쳐 | 요 |

반복 낱말을 넣어 짧은 글짓기를 해 볼까요? (예) 뭐든 반복하다 보면 실력이 늘어요.

반복 :

더 해보아요

앞에서 공부한 낱말들을 떠올리며 문제를 풀어 볼까요?

1) 뜻을 읽으면서 네모 안의 낱말을 그대로 따라 써 볼까요?

(1)한 조직의 여러 사람이 다 같이 지키기로 정한 법칙. 규칙

(2)직접 겪은 일. 체험

(3)같은 일을 되풀이함. 반복

(4)어떤 수를 모두 더한 값. 합

(5)어떤 수효에서 다른 수효를 뺀 나머지. 차

2) 문장에 어울리는 낱말을 (　　) 안에서 골라 O표 해 볼까요?

(1)엄마가 음식물 쓰레기를 (늘리자 / 줄이자)고 말씀하셨어요.

(2)나는 음식을 먹을 만큼 덜어서 (남기고 / 남김없이) 먹어요.

(3)안방의 책상을 작은방으로 (바꾸면 / 옮기면) 좋을 것 같아요.

(4)내 방을 예쁘게 (어지럽혔더니 / 꾸몄더니) 엄청 기분이 좋아요.

(5)아프리카에 사는 사람들의 (계절 / 생활)이 궁금해졌어요.

3) ㉠과 ㉡에 들어갈 낱말이 알맞게 짝 지어진 것에 O표 해 볼까요?

- 형은 시골에 가서 농촌 생활을 ㉠ 하고 돌아왔어요.
- 세종대왕은 백성들의 가난한 ㉡ 이 너무도 마음 아팠어요.

(1) ㉠체험　㉡생활 (　　　　)　　　　(2) ㉠생활　㉡체험 (　　　　)

4) 문장에 어울리는 낱말을 골라 (   )에 기호를 쓰고 선으로 이어 볼까요?

(1) 동생은 콜라 한 병을 (   ) 비웠어요.   ·   · ㉠체험

(2) 전기 없이 지내는 (   )을 해보았어요.   ·   · ㉡남김없이

(3) 7시에 일어나는 것이 우리 집의 (   )이에요.   ·   · ㉢생활

(4) 우리는 그런대로 풍족한 (   )을 하고 있어요.   ·   · ㉣반복

(5) 피아노 곡을 오늘도 (   ) 해서 연습했어요.   ·   · ㉤규칙

5) 그림을 보고 알맞는 낱말에 O표 해 볼까요?

(1)(합 / 차)

(2)(합 / 차)

*앞에서 배운 낱말 중에 잘 알고 있는 것에 O를 할까요?

(   )줄이다 (   )남김없이 (   )옮기다 (   )합 (   )차
(   )규칙 (   )꾸미다 (   )체험 (   )생활 (   )반복

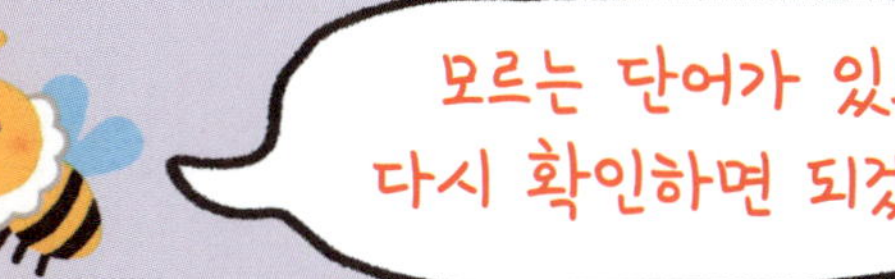

*오늘 있었던 일 중에서 낱말 두 가지를 정하여 짧은 글짓기를 해 볼까요?

(예) 수학 : 형은 수학이 쉽다고 하는데 나는 정말 어려워요.

(1)

....

(2)

....

6. 문장을 읽고 써요

낱말 뜻을 이해하고 낱말의 쓰임을 완벽하게 익혀볼까요?

국어 교과서 어휘
수록 교과서 국어 1-2㉯

발견

(뜻) : 아직 못 찾았거나 알려지지 않은 것을 찾아내는 것. / (교과서 예문) 사람들이 발견한 것이 무엇인지 생각하며 『발명보다 위대한 발견』을 봅시다.

◉ **낱말을 따라 써 볼까요?**

| 발 | 견 | | 발 | 견 | | 발 | 견 | | 발 | 견 | | 발 | 견 | |

◉ **글을 따라 써 볼까요?**

| 돌 | | 틈 | 에 | 서 | | 벌 | 레 | 를 | | 발 | 견 | 했 | 어 | 요 |

발견 낱말을 넣어 짧은 글짓기를 해 볼까요? (예) 마당에 핀 민들레를 발견했어요.

발견 :

발명

(뜻) : 지금까지 없었던 기술이나 물건을 처음으로 만들어 내는 것. / (교과서 예문) 『발명보다 위대한 발견』을 보고 떠오른 생각이나 느낌을 이야기해 봅시다.

◉ **낱말을 따라 써 볼까요?**

| 발 | 명 | | 발 | 명 | | 발 | 명 | | 발 | 명 | | 발 | 명 | |

◉ **글을 따라 써 볼까요?**

| 장 | 영 | 실 | 이 | | 해 | 시 | 계 | 를 | | 발 | 명 | 했 | 어 | 요 |

발명 낱말을 넣어 짧은 글짓기를 해 볼까요? (예) 형은 우주 탐험을 위해 우주선을 발명할 거래요.

발명 :

위대하다 (뜻) : 우러러볼 만큼 매우 훌륭하다. / (교과서 예문) 『발명보다 위대한 발견』을 보고 사람들이 발견한 것을 선으로 이어봅시다.

◉ 낱말을 따라 써 볼까요?

| 위 | 대 | 하 | 다 | | 위 | 대 | 하 | 다 | | 위 | 대 | 하 | 다 | |

◉ 글을 따라 써 볼까요?

| 우 | 리 | | 아 | 빠 | 는 | | 참 | | 위 | 대 | 해 | 요 | |

위대하다 낱말을 넣어 짧은 글짓기를 해 볼까요? (예) 세종대왕은 참 위대한 왕이에요.

위대하다 :

일회용품 (뜻) : 한 번만 쓰고 버리도록 만들어진 물건.
(교과서 예문) 될 수 있으면 일회용품을 사용하지 말아야겠다고 생각했어.

◉ 낱말을 따라 써 볼까요?

| 일 | 회 | 용 | 품 | | 일 | 회 | 용 | 품 | | 일 | 회 | 용 | 품 | |

◉ 글을 따라 써 볼까요?

| 일 | 회 | 용 | 품 | 을 | | 줄 | 여 | 야 | | 해 | 요 | |

일회용품 낱말을 넣어 짧은 글짓기를 해 볼까요? (예) 일회용품을 많이 쓰면 환경이 망가져요.

일회용품 :

함께 (뜻) : 여러 사람이 한데 어울려.
(교과서 예문) 여럿이 함께 빛날 수 있는 때가 언제인지 생각해 보세요.

◉ 낱말을 따라 써 볼까요?

| 함 | 께 | | 함 | 께 | | 함 | 께 | | 함 | 께 | | 함 | 께 |

◉ 글을 따라 써 볼까요?

| 함 | 께 | | 우 | 렁 | 차 | 게 | | 응 | 원 | 을 | | 했 | 어 | 요 |

함께 낱말을 넣어 짧은 글짓기를 해 볼까요? (예) 친구와 함께 뒷산에 올라 갔어요.

함께 :

6. 문장을 읽고 써요

낱말 뜻을 이해하고 낱말의 쓰임을 완벽하게 익혀볼까요?

국어 교과서 어휘
수록 교과서 국어 1-2㉯

경주

(뜻) : 사람, 동물, 차량 등이 일정한 거리를 달려 빠르기를 겨루는 일.
(교과서 예문) 아저씨랑 깡충깡충 토끼가 달리기 경주를 하니 머리카락 한 올이 쏘옥~

⊙ **낱말을 따라 써 볼까요?**

| 경 | 주 | | 경 | 주 | | 경 | 주 | | 경 | 주 | | 경 | 주 | |

⊙ **글을 따라 써 볼까요?**

| 오 | 늘 | | 달 | 리 | 기 | | 경 | 주 | 를 | | 했 | 어 | 요 |

경주 낱말을 넣어 짧은 글짓기를 해 볼까요? (예) 운동회에서 이어달리기 경주가 제일 재미있어요.

경주 :

땋다

(뜻) : 머리털이나 실 같은 것을 엮어 한 가닥으로 만들다.
(교과서 예문) 다음 날, 아저씨는 세수를 하고 머리카락을 땋았어요.

⊙ **낱말을 따라 써 볼까요?**

| 땋 | 다 | | 땋 | 다 | | 땋 | 다 | | 땋 | 다 | | 땋 | 다 | |

⊙ **글을 따라 써 볼까요?**

| 머 | 리 | 를 | | 예 | 쁘 | 게 | | 땋 | 았 | 어 | 요 | | |

땋다 낱말을 넣어 짧은 글짓기를 해 볼까요? (예) 동생은 짧은 머리카락을 땋고 싶대요.

땋다 :

번갈아

(뜻) : 어떤 행동을 차례에 따라 되풀이하다.
(교과서 예문) 짝과 번갈아서 한 문장씩 읽어 보세요.

⊙ 낱말을 따라 써 볼까요?

| 번 | 갈 | 아 | | 번 | 갈 | 아 | | 번 | 갈 | 아 | | 번 | 갈 | 아 |

⊙ 글을 따라 써 볼까요?

| 우 | 리 | 는 | | 번 | 갈 | 아 | | 노 | 래 | 를 | | 불 | 러 | 요 |

번갈아 낱말을 넣어 짧은 글짓기를 해 볼까요? (예) 고양이와 강아지를 번갈아 돌봐 주었어요.

번갈아 :

새하얗다

(뜻) : 몹시 하얗다.
(교과서 예문) 숨이 컥컥 막히고, 머릿속은 눈사람처럼 새하얘졌어요.

⊙ 낱말을 따라 써 볼까요?

| 새 | 하 | 얗 | 다 | | 새 | 하 | 얗 | 다 | | 새 | 하 | 얗 | 다 |

⊙ 글을 따라 써 볼까요?

| 세 | 상 | 이 | | 새 | 하 | 얗 | 게 | | 변 | 했 | 어 | 요 |

새하얗다 낱말을 넣어 짧은 글짓기를 해 볼까요? (예) 숙제를 잊어버려서 머릿속이 새하얘졌어요.

새하얗다 :

반대말

(뜻) : '좋다'와 '나쁘다'처럼 뜻이 서로 정반대되는 말.
(교과서 예문) 반대말을 찾아 선으로 이어 봅시다.

⊙ 낱말을 따라 써 볼까요?

| 반 | 대 | 말 | | 반 | 대 | 말 | | 반 | 대 | 말 | | 반 | 대 | 말 |

⊙ 글을 따라 써 볼까요?

| 반 | 대 | 말 | 이 | | 있 | 는 | | 낱 | 말 | 이 | | 많 | 아 | 요 |

반대말 낱말을 넣어 짧은 글짓기를 해 볼까요? (예) 반대말이 있는 낱말들을 적어 보았어요.

반대말 :

더 해보아요

앞에서 공부한 낱말들을 떠올리며 문제를 풀어 볼까요?

1) 뜻을 읽으면서 네모 안의 낱말을 그대로 따라 써 볼까요?

(1)아직 못 찾았거나 알려지지 않은 것을 찾아내는 것. 발견

(2)지금까지 없던 기술이나 물건을 처음으로 생각하여 만들어내는 것. 발명

(3)한 번만 쓰고 버리도록 만들어진 물건. 일회용품

(4)사람, 동물, 차량 등이 일정한 거리를 달려 빠르기를 겨루는 일. 경주

(5)'좋다'와 '나쁘다'처럼 뜻이 서로 정반대되는 말. 반대말

2) 문장에 어울리는 낱말을 (　) 안에서 골라 O표 해 볼까요?

(1)나는 세종대왕을 가장 (위대한 / 용감한) 위인으로 생각해요.

(2)나는 동생하고 공부도 운동도 (따로 / 함께)하며 사이좋게 지내요.

(3)엄마가 내 머리카락을 예쁘게 (땋아서 / 잘라서) 리본으로 묶었어요.

(4)아픈 할머니를 나와 언니가 (번갈아 / 나누어서) 보살펴 드렸어요.

(5)마당에 (새파란 / 새하얀) 눈이 이불처럼 펼쳐져 있어요.

3) 문장에 어울리는 낱말을 (　) 안에서 골라 O표 해 볼까요?

(1)

(2)

4) 문장에 어울리는 낱말을 골라 (   )에 기호를 쓰고 선으로 이어 볼까요?

(1) 길 잃은 강아지 한 마리를 (   )했어요.   ·   · ㉠일회용품

(2) 나는 나중에 (   )을 잘하는 사람이 될 거예요.   ·   · ㉡반대말

(3) 종이컵도 (   )이에요.   ·   · ㉢발견

(4) 동생과 내가 (   ) 노래를 불렀어요.   ·   · ㉣번갈아

(5) 덥다의 (   ) 은 춥다예요.   ·   · ㉤발명

5) 그림을 보고 (   )에 어울리는 낱말을 두 개 골라 볼까요?

(   ) 말을 타고 (   )를 하는

두 사람의 모습이 정말 대단해 보였어요.

(1)함께 (2)서로 (3)경주 (4)일등 (5)비교

*앞에서 배운 낱말 중에 잘 알고 있는 것에 O를 할까요?

(   )발견 (   )발명 (   )위대하다 (   )일회용품 (   )함께

(   )경주 (   )땋다 (   )번갈아 (   )새하얗다 (   )반대말

*오늘 있었던 일 중에서 낱말 두 가지를 정하여 짧은 글짓기를 해 볼까요?

(예) 장난감 : 형이 내가 아끼는 장난감을 망가뜨려서 정말 속상했어요.

(1)

(2)

상상

낱말 뜻을 이해하고 낱말의 쓰임을 완벽하게 익혀볼까요?

상상 교과서 어휘
수록 교과서 상상 교과서 1-2

얼마든지 (뜻) : 잘 모르는 수량이나 정도를 가리지 않는다.
(교과서 예문) 뚝딱뚝딱, 얼마든지 새로운 세상을 만들 수 있는 걸.

◉ 낱말을 따라 써 볼까요?

| 얼 | 마 | 든 | 지 | | 얼 | 마 | 든 | 지 | | 얼 | 마 | 든 | 지 | |

◉ 글을 따라 써 볼까요?

| 책 | 은 | | 얼 | 마 | 든 | 지 | | 볼 | | 수 | | 있 | 어 | 요 |

얼마든지 낱말을 넣어 짧은 글짓기를 해 볼까요? (예) 일요일에는 얼마든지 뛰어놀아도 돼요.

얼마든지 :

태어나다 (뜻) : 사람이나 동물이 형태를 갖추어 어미 몸 밖으로 나오다.
(교과서 예문) 알에서 동물이 태어난다면

◉ 낱말을 따라 써 볼까요?

| 태 | 어 | 나 | 다 | | 태 | 어 | 나 | 다 | | 태 | 어 | 나 | 다 | |

◉ 글을 따라 써 볼까요?

| 얼 | 마 | | 전 | 에 | | 동 | 생 | 이 | | 태 | 어 | 났 | 어 | 요 |

태어나다 낱말을 넣어 짧은 글짓기를 해 볼까요? (예) 내가 태어난 날 아빠는 기뻐서 울었대요.

태어나다 :

딱딱하다

(뜻) : 매우 굳고 단단하다.
(교과서 예문) 나는 딱딱한 것도 먹을 수 있어.

◉ 낱말을 따라 써 볼까요?

| 딱 | 딱 | 하 | 다 | | 딱 | 딱 | 하 | 다 | | 딱 | 딱 | 하 | 다 | |

◉ 글을 따라 써 볼까요?

| 침 | 대 | 가 | | 몹 | 시 | | 딱 | 딱 | 해 | 요 | | | |

딱딱하다 낱말을 넣어 짧은 글짓기를 해 볼까요? (예) 딱딱한 의자는 조금 불편해요.

딱딱하다 :

단단하다

(뜻) : 연하거나 무르지 않고 굳다.
(교과서 예문) 거북이처럼 단단한 등딱지가 있는 동물을 만날 수 있어!

◉ 낱말을 따라 써 볼까요?

| 단 | 단 | 하 | 다 | | 단 | 단 | 하 | 다 | | 단 | 단 | 하 | 다 | |

◉ 글을 따라 써 볼까요?

| 운 | 동 | 을 | | 하 | 면 | | 몸 | 이 | | 단 | 단 | 해 | 져 | 요 |

단단하다 낱말을 넣어 짧은 글짓기를 해 볼까요? (예) 아빠가 단단한 나무로 울타리를 만들었어요.

단단하다 :

동그랗다

(뜻) : 작고 뚜렷하게 둥글다.
(교과서 예문) 동그란 비눗방울을 이용해서 너만의 그림을 그려 볼래?

◉ 낱말을 따라 써 볼까요?

| 동 | 그 | 랗 | 다 | | 동 | 그 | 랗 | 다 | | 동 | 그 | 랗 | 다 | |

◉ 글을 따라 써 볼까요?

| 동 | 생 | | 눈 | 은 | | 동 | 그 | 랗 | 게 | | 생 | 겼 | 어 | 요 |

동그랗다 낱말을 넣어 짧은 글짓기를 해 볼까요? (예) 색종이를 동그랗게 잘랐어요.

동그랗다 :

상상

낱말 뜻을 이해하고 낱말의 쓰임을 완벽하게 익혀볼까요?

상상 교과서 어휘
수록 교과서 상상 교과서 1-2

거꾸로

(뜻) : 위나 앞이 아래나 뒤가 되게, 정반대가 되게.
(교과서 예문) 철봉에 거꾸로 매달려 세상을 바라보며 랄랄라

◉ 낱말을 따라 써 볼까요?

| 거 | 꾸 | 로 | | 거 | 꾸 | 로 | | 거 | 꾸 | 로 | | 거 | 꾸 | 로 |

◉ 글을 따라 써 볼까요?

| 형 | 이 | | 철 | 봉 | 에 | | 거 | 꾸 | 로 | | 매 | 달 | 려 | 요 |

거꾸로 낱말을 넣어 짧은 글짓기를 해 볼까요? (예) 토마토는 거꾸로 해도 토마토예요.

거꾸로 :

괜스레

(뜻) : 특별한 이유나 필요가 없이.
(교과서 예문) 괜스레 마음이 뾰족해지는 날

◉ 낱말을 따라 써 볼까요?

| 괜 | 스 | 레 | | 괜 | 스 | 레 | | 괜 | 스 | 레 | | 괜 | 스 | 레 |

◉ 글을 따라 써 볼까요?

| 그 | | 애 | 랑 | | 괜 | 스 | 레 | | 다 | 투 | 었 | 어 | 요 |

괜스레 낱말을 넣어 짧은 글짓기를 해 볼까요? (예) 나는 그 애만 보면 괜스레 얼굴이 빨개져요.

괜스레 :

막무가내 (뜻) : 고집이 세어서 남의 말을 듣지 않는 것.
(교과서 예문) 막무가내로 우기기를 거꾸로!

⊙ **낱말을 따라 써 볼까요?**

| 막 | 무 | 가 | 내 | | 막 | 무 | 가 | 내 | | 막 | 무 | 가 | 내 | |

⊙ **글을 따라 써 볼까요?**

| 동 | 생 | 이 | | 막 | 무 | 가 | 내 | 로 | | 떼 | 를 | | 써 | 요 |

막무가내 낱말을 넣어 짧은 글짓기를 해 볼까요? (예) 친구가 막무가내로 나를 끌고 갔어요.

막무가내 :

독차지 (뜻) : 혼자서 모두 차지하는 것.
(교과서 예문) 혼자서 독차지하기를 거꾸로!

⊙ **낱말을 따라 써 볼까요?**

| 독 | 차 | 지 | | 독 | 차 | 지 | | 독 | 차 | 지 | | 독 | 차 | 지 |

⊙ **글을 따라 써 볼까요?**

| 친 | 구 | 는 | | 인 | 기 | 를 | | 독 | 차 | 지 | 해 | 요 |

독차지 낱말을 넣어 짧은 글짓기를 해 볼까요? (예) 아기가 가족의 사랑을 독차지해요.

독차지 :

변신 (뜻) : 겉모습이나 태도를 전과 다르게 바꾸는 것.
(교과서 예문) 교실에 있는 물건을 멋지게 변신시켜 볼까?

⊙ **낱말을 따라 써 볼까요?**

| 변 | 신 | | 변 | 신 | | 변 | 신 | | 변 | 신 | | 변 | 신 |

⊙ **글을 따라 써 볼까요?**

| 마 | 술 | 사 | 는 | | 어 | 떻 | 게 | | 변 | 신 | 을 | | 할 | 까 |

변신 낱말을 넣어 짧은 글짓기를 해 볼까요? (예) 나는 변신을 잘 하는 마술사가 신기했어요.

변신 :

앞에서 공부한 낱말들을 떠올리며 문제를 풀어 볼까요?

1) 뜻을 읽으면서 네모 안의 낱말을 그대로 따라 써 볼까요?

(1) 위나 앞이 아래나 뒤가 되게, 정반대가 되게.　거꾸로

(2) 특별한 이유나 필요가 없이.　괜스레

(3) 고집이 세어서 남의 말을 듣지 않는 것.　막무가내

(4) 혼자서 모두 차지하는 것.　독차지

(5) 겉모습이나 태도를 전과 다르게 바꾸는 것.　변신

2) 낱말의 뜻이 무엇인지 (　) 안에서 골라 O표 해 볼까요?

(1) 얼마든지 ＝ 잘 모르는 수량이나 정도를 (가리지 않는다 / 가린다).

(2) 태어나다 ＝ 사람이나 동물이 형태를 갖추어 어미 몸 (밖으로 나온다 / 안으로 들어간다).

(3) 딱딱하다 ＝ 매우 굳고 (부드럽다 / 단단하다).

(4) 단단하다 ＝ 연하거나 무르지 않고 (세다 / 굳다).

(5) 동그랗다 ＝ 작고 뚜렷하게 (네모랗다 / 둥글다).

3) 문장에 어울리는 낱말을 (보기)에서 찾아 (　)에 써 볼까요?

보기 :　막무가내　　독차지　　변신

(1) 욕심꾸러기 놀부는 많은 재산을 (　　　　)했어요.

(2) 이 장난감 로봇은 여러 모양으로 (　　　　)할 수 있다.

(3) 동생은 가끔 (　　　　)로 고집을 피워요.

4) 뜻에 알맞은 낱말을 완성해 볼까요?

		(2)
		그
		랗
(1) 태		나	다

가로(1) : 사람이나 동물이 형태를 갖추어
　　　　　어미 몸 밖으로 나오다.
세로(2) : 작고 뚜렷하게 둥글다.

5) 문장에 어울리는 낱말을 (　　) 안에서 골라 ○표 해 볼까요?

(1)링컨은 가난한 집안의 아들로 (태어나 / 자라나) 어렵게 살았어요.

(2)호두의 껍데기는 매우 (연해서 / 딱딱해서) 까기가 어려워요.

(3)김장철이 되자 배춧속이 (단단하게 / 연하게) 차올랐어요.

(4)놀란 동생이 눈을 (동그랗게 / 네모지게) 뜨고 나를 바라보았어요.

6) ㉠과 ㉡에 들어갈 낱말이 알맞게 짝 지어진 것은 무엇인가요? (　　)

· 밥을 맛있게 먹다가 ㉠ 돌멩이를 씹었어요.

· 사과는 껍질이 빨갛고 속이 ㉡ 것이 맛있어요.

(1)㉠딱딱한　　㉡단단한

(2)㉠단단한　　㉡딱딱한

*앞에서 배운 낱말 중에 잘 알고 있는 것에 O를 할까요?

(　　)얼마든지　(　　)태어나다　(　　)딱딱하다　(　　)단단하다　(　　)동그랗다

(　　)거꾸로　(　　)괜스레　(　　)막무가내　(　　)독차지　(　　)변신

*오늘 있었던 일 중에서 낱말 두 가지를 정하여 짧은 글짓기를 해 볼까요?

(예) 여행 : 방학이 되면 가족 모두 강원도로 여행 가기로 했어요.

(1)

(2)

받아쓰기를 해보아요

앞에서 배운 단어를 떠올리며 맞는 낱말에 O표를 하고 문장을 따라 써 볼까요?

1) 새로 산 옷이 너무 커서 (줄여 / 주려) 입었어요.

2) 배가 고파서 라면을 (남김업이 / 남김없이) 먹어치웠어요.

3) 동생이 감기에 걸렸는데 가족 모두에게 (옮겼어요 / 옴겼어요).

4) 과학관에 가서 별자리 (체험 / 채험)을 했어요.

5) 흙이 묻은 옷을 세탁했더니 (새하얗게 / 세하얗게) 되었어요.

6) 비눗방울이 (동그랗게 / 동구랗게) 퍼져 나갔어요.

7) 형하고 나하고 (번가라 / 번갈아)가며 감기에 걸렸어요.

8) 동생이 자고 일어나더니 (괜스래 / 괜스레) 짜증을 냈어요.

9) 강아지는 사람만 보며 (막무가내 / 막무가네)로 짖어대요.

10) 야생 동물들의 (생할 / 생활)을 관찰해 보고 싶어요.

⟨어린왕자와 사막여우를 만나러 가요⟩

*동화를 소리 내어 읽으며 앞에서 배운 낱말을 ☐ 안에 써 볼까요?

사막여우가 잠이 안 오나 봐요. 공연히 앉았다, 일어났다, 정신이 없어요.

"너 때문에 나까지 잠을 잘 수가 없어. 왜 그러는데?"

어린왕자가 사막여우에게 물었어요.

"바닥이 딱딱해 . 내일은 부드러운 나뭇잎을 구해서 밑에 깔아야겠어."

"모랫바닥을 딱딱하다고? 하고 싶은 말이 있어서 그렇지? 말해 봐."

어린왕자의 말에 사막여우는 발딱 일어나 앉았어요.

ㄱ"또 언제 한국에 갈 수 있어? 저번에 한국에 가서 아이들이랑 공부한 것도 좋았고, 민속 마을에서 많은 체험 을 한 것도 좋았거든. 요즘 내 관심 은 온통 너랑 같이 한국에 가고 싶다는 그 생각뿐이야."

"지금은 아무 데도 가고 싶지 않아. 철새들이 움직일 때까지……."

어린왕자 말에 사막여우 얼굴이 금방 시무룩해졌어요. 그런 사막여우를 보며 어린왕자가 명랑하게 말했어요.

"좋아! 동화책 읽어줄게. 그러면 금방 잠이 올 거야."

"와, 재밌겠다! 흥미 있는 내용을 들으면 잠이 올 것 같긴 해."

사막여우 표정이 금방 환해졌어요. 어린왕자는 동화책을 읽기 시작했어요.

"여우는 책을 남김없이 먹어 치우는 일이 너무 재미있었어요."

그런데 동화 한 줄을 읽었을 뿐인데 사막여우가 뜬금없이 딴 소리를 했어요.

"너도 세종대왕 이 참 위대하다 고 생각하지?"

"당연하지. 그분은 사람들이 글을 쉽게 읽을 수 있게 해주셨잖아."

"장영실과 힘을 합쳐서 백성을 위해 많은 발명 도 하셨어."

"나도 그 무렵에 태어났다면 세종대왕의 사랑을 독차지

했을 거야. 너도 그렇게 생각하지?"

사막여우의 말에 어린왕자는 웃음을 터뜨렸어요.

㉡"네가 얼마나 한국에 가고 싶어 하는지 알겠어. 다음에 한국 가면 뭘 할

것인지 생각해 봐."

그 말에 사막여우는 환호성을 지르며 좋아했어요. 그리고 갑자기 말 타는 흉

내를 냈어요.

"좋았어! 말 타고 달리는 경주에도 나가자. 난 일 등 할 자신 있거든!"

어린왕자도 덩달아 활 쏘는 시늉을 했어요.

"활 쏘는 실력은 내가 일등!"

"말 타는 실력은 내가 일등"

둘이 번갈아 가며 뛰고 노는 동안 밤은 점점 깊어갔어요.

"엄청 놀았더니 잠이 쏟아져. 이제 그만 자자."

사막여우는 쏟아지는 잠을 간신히 참으며 크게 하품을 했어요.

"하암~ 나도 졸려."

(나도 작가) 여러분이 그다음 이야기를 지어 볼까요?

사막여우 :

____

어린왕자 :

<독해 실력이 쑥쑥쑥> 

◉어린왕자와 사막여우 동화로 독해 실력을 높여 볼까요?

1) 이야기의 내용으로 맞으면 O표, 틀리면 X표를 해 볼까요?

(1)어린왕자는 사막여우에게 동화를 읽어주었어요. (　　)

(2)사막여우는 내일 당장 한국에 가자고 졸랐어요. (　　)

(3)사막여우는 모래 바닥이 딱딱하다고 투덜거렸어요. (　　)

(4)어린왕자는 어디든 맘대로 갈 수 있다고 자랑했어요. (　　)

(5)어린왕자와 사막여우는 밤이 깊은 줄도 모르고 놀았어요. (　　)

2) 생각이나 느낌을 나타내는 문장이 아닌 것은 무엇일까요? (　　)

(1)"와, 재밌겠다! 흥미 있는 내용을 들으면 잠이 올 것 같긴 해."

(2)"한국 사람 생활 속에는 세종대왕의 흔적이 참 많았어."

(3)"나도 그 무렵에 살았으면 세종대왕의 사랑을 독차지했을 거야."

(4)"말 타고 달리는 경주에도 나가자. 난 일 등 할 자신 있거든!"

(5)둘이 번갈아 가며 뛰고 달리는 동안 밤은 점점 깊어 갔어요.

3) 일이 일어난 순서대로 번호를 써 볼까요? (　,　,　,　,　)

(1)사막여우가 잠을 이루지 못했다.

(2)어린왕자와 사막여우는 세종대왕이 위대하다고 생각했다.

(3)어린왕자와 사막여우는 말타고 활 쏘는 놀이를 하며 놀았다.

(4)어린왕자가 사막여우에게 동화를 읽어주었다.

(5)사막여우는 쏟아지는 잠을 간신히 참으며 하품을 했다.

<문해 실력이 쑥쑥쑥> 

◉어린왕자와 사막여우 동화로 문해 실력을 높여 볼까요?

1) ㉠에서 사막여우의 마음으로 알맞은 것은 무엇일까요? (   )

(1)어린왕자에게 섭섭한 마음

(2)어린왕자에게 고마운 마음

(3)어린왕자와 다시 한국에 가고 싶은 마음

(4)어린왕자가 걱정되는 마음

(5)어린왕자가 귀찮은 마음

2) ㉡의 어린왕자 말 속에서 짐작할 수 있는 것은 무엇일까요? (   )

(1)사막여우를 즐겁게 해주려는 뜻

(2)한국에 가고 싶어 하는 사막여우의 소원을 들어주고 싶은 마음

(3)사막여우가 재주를 잘 부리면 좋겠다는 뜻

(4)장영실처럼 뛰어난 재주꾼이 되어보라는 뜻

(5)혼자 한국에 가서 재주를 부려보라고 응원하는 뜻

3) 이 글을 읽으며 어떤 느낌이 들었나요? (   )

(1)사막여우는 어린왕자를 너무 괴롭힌다.

(2)어린왕자는 사막여우를 귀찮아한다.

(3)어린왕자와 사막여우는 서로를 아끼고 좋아한다.

(4)어린왕자와 사막여우는 하루빨리 헤어지고 싶어 한다.

(5)사막여우는 밤마다 어린왕자와 놀고 싶어 한다.

(해답) 1)(3) / 2)(2) / 3)(3)

교과서 어휘력이 문해력의 시작이다!

- 한글의 어휘력 · 독해력 · 문해력을 그만 무시!
- 어휘력 · 독해력 · 문해력 실력은 모든 학업의 기본!
- 어휘력 · 독해력 · 문해력을 해결하려면 낱말 반복 복습부터 시작!
- 초등학교 교과서의 어휘력 · 독해력 · 문해력 해결은 명문대 입학의 지름길!

1회
국어 교과서 어휘

설명 / 접다 / 조립하다 / 독도 / 본뜨다 /
철석같이 / 당황하다 / 조마조마 / 대화 /
간추리다

공부한 날 (　)월 (　)일

2회
수학 교과서 어휘

권 / 모두 / 수만큼 / 계산 / 결과 /
틀리다 / 식 / 차근차근 / 꽂다 / 표지판

공부한 날 (　)월 (　)일

3회
국어 교과서 어휘

쪽지 / 낭송하다 / 까닭 / 감상하다 / 비슷하다 / 들르다 / 우연히 / 어색하다 / 먼저 / 정지

공부한 날 ( )월 ( )일

4회
이야기 교과서 어휘

소원 / 계획 / 어깨동무 / 어깨춤 / 속상하다 / 무대 / 인형극 / 공연 / 맞추다 / 맞잡다

공부한 날 ( )월 ( )일

- 더 해보아요
- 받아쓰기를 해보아요
- 어린왕자와 사막여우를 만나러 가요
- 독해력이 쑥쑥쑥
- 문해력이 쑥쑥쑥

7. 무엇이 중요할까요?

낱말 뜻을 이해하고 낱말의 쓰임을 완벽하게 익혀볼까요?

국어 교과서 어휘
수록 교과서 국어 1-2 ㉯

4주차

설명

(뜻) : 어떤 사실을 잘 이해할 수 있도록 하는 것.
(교과서 예문) 무엇을 설명하는지 생각하며 글을 읽고, 겪은 일을 글로 쓰기

⊙ **낱말을 따라 써 볼까요?**

| 설 | 명 | | 설 | 명 | | 설 | 명 | | 설 | 명 | | 설 | 명 | |

⊙ **글을 따라 써 볼까요?**

| 애 | 들 | 에 | 게 | | 차 | 근 | 차 | 근 | | 설 | 명 | 했 | 어 | 요 |

설명 낱말을 넣어 짧은 글짓기를 해 볼까요? (예) 선생님의 설명은 이해하기 쉬워요.

설명 :

접다

(뜻) : 천, 종이 따위를 구부려서 한쪽이 다른 쪽에 겹치게 하다.
(교과서 예문) 색종이를 뒤집어놓고 반으로 접으세요.

⊙ **낱말을 따라 써 볼까요?**

| 접 | 다 | | 접 | 다 | | 접 | 다 | | 접 | 다 | | 접 | 다 | |

⊙ **글을 따라 써 볼까요?**

| 종 | 이 | | 비 | 행 | 기 | 를 | | 접 | 었 | 어 | 요 | | | |

접다 낱말을 넣어 짧은 글짓기를 해 볼까요? (예) 큰 봉투를 접어서 모자로 만들었어요.

접다 :

조립하다 (뜻) : 여러 부품을 짜 맞추어 물건을 만들다. / (교과서 예문) 나는 아빠께서 설명서를 따라서 새로 산 청소기를 조립하시는 것을 본 적이 있어.

◉ 낱말을 따라 써 볼까요?

| 조 | 립 | 하 | 다 | | 조 | 립 | 하 | 다 | | 조 | 립 | 하 | 다 | |

◉ 글을 따라 써 볼까요?

| 로 | 봇 | | 조 | 립 | 하 | 기 | 는 | | 재 | 미 | 있 | 어 | 요 |

조립하다 낱말을 넣어 짧은 글짓기를 해 볼까요? (예) 아빠가 설명서를 보고 탁자를 조립했어요.

조립하다 :

독도 (뜻) : 경상북도 울릉군에 있는 바위로 이루어진 조그만 화산섬.
(교과서 예문) 무엇을 설명하고 있는지 생각하며 『독도』를 읽어 봅시다.

◉ 낱말을 따라 써 볼까요?

| 독 | 도 | | 독 | 도 | | 독 | 도 | | 독 | 도 | | 독 | 도 |

◉ 글을 따라 써 볼까요?

| 독 | 도 | 는 | | 우 | 리 | 나 | 라 | | 땅 | 이 | 에 | 요 |

독도 낱말을 넣어 짧은 글짓기를 해 볼까요? (예) 왜 일본은 독도를 자기네 땅이라고 우길까요?

독도 :

본뜨다 (뜻) : 무엇을 본으로 하여 그대로 흉내 내어 만들다.
(교과서 예문) 낙하산은 무엇을 본떠 만들었나요?

◉ 낱말을 따라 써 볼까요?

| 본 | 뜨 | 다 | | 본 | 뜨 | 다 | | 본 | 뜨 | 다 | | 본 | 뜨 | 다 |

◉ 글을 따라 써 볼까요?

| 나 | 비 | | 그 | 림 | 을 | | 본 | 뜨 | 며 | | 놀 | 았 | 어 | 요 |

본뜨다 낱말을 넣어 짧은 글짓기를 해 볼까요? (예) 나비 그림을 본떠서 머리핀을 만들었어요.

본뜨다 :

7. 무엇이 중요할까요?

낱말 뜻을 이해하고 낱말의 쓰임을 완벽하게 익혀볼까요?

국어 교과서 어휘
수록 교과서 국어 1-2 ㉯

철석같이

(뜻) : 의지나 약속, 믿음이 매우 굳고 단단하다.
(교과서 예문) 엄마한테 철석같이 약속을 하고는 겨우 새 필통을 샀어.

⊙ **낱말을 따라 써 볼까요?**

| 철 | 석 | 같 | 이 | | 철 | 석 | 같 | 이 | | 철 | 석 | 같 | 이 | |

⊙ **글을 따라 써 볼까요?**

| 엄 | 마 | 랑 | | 철 | 석 | 같 | 이 | | 약 | 속 | 했 | 어 | 요 | |

철석같이 낱말을 넣어 짧은 글짓기를 해 볼까요? (예) 친구가 철석같이 약속해놓고 그런 적 없대요.

철석같이 :

당황하다

(뜻) : 뜻밖의 일에 놀라서 어떻게 해야 할지 모르다.
(교과서 예문) 준비물을 가져오지 못해 당황했던 적이 있어.

⊙ **낱말을 따라 써 볼까요?**

| 당 | 황 | 하 | 다 | | 당 | 황 | 하 | 다 | | 당 | 황 | 하 | 다 |

⊙ **글을 따라 써 볼까요?**

| 친 | 구 | | 말 | 에 | | 몹 | 시 | | 당 | 황 | 했 | 어 | 요 | |

당황하다 낱말을 넣어 짧은 글짓기를 해 볼까요? (예) 나는 모르는 문제를 보면 엄청 당황스러워해요.

당황하다 :

조마조마 (뜻) : 닥쳐올 일에 대하여 불안하고 초조하다. / (교과서 예문) 술래잡기할 때 내가 술래가 될까 봐 조마조마했다는 경험이 자신의 마음을 잘 표현한 것 같아.

⊙ **낱말을 따라 써 볼까요?**

| 조 | 마 | 조 | 마 | | 조 | 마 | 조 | 마 | | 조 | 마 | 조 | 마 | |

⊙ **글을 따라 써 볼까요?**

| 들 | 킬 | 까 | | 봐 | | 조 | 마 | 조 | 마 | 했 | 어 | 요 | |

조마조마 낱말을 넣어 짧은 글짓기를 해 볼까요? (예) 우리 팀이 질까 봐 조마조마했어요.

조마조마 :

- - -

대화 (뜻) : 서로 이야기를 주고받는 것.
(교과서 예문) 친구들의 대화를 살펴봅시다.

⊙ **낱말을 따라 써 볼까요?**

| 대 | 화 | | 대 | 화 | | 대 | 화 | | 대 | 화 | | 대 | 화 | |

⊙ **글을 따라 써 볼까요?**

| 우 | 리 | | 가 | 족 | 은 | | 대 | 화 | 를 | | 좋 | 아 | 해 | 요 |

대화 낱말을 넣어 짧은 글짓기를 해 볼까요? (예) 그 애하고는 대화가 통하지 않아요.

대화 :

- - -

간추리다 (뜻) : 글이나 말에서 중요한 내용만 간단하게 정리하다.
(교과서 예문) 1에서 살펴본 친구들의 대화를 간추려 봅시다.

⊙ **낱말을 따라 써 볼까요?**

| 간 | 추 | 리 | 다 | | 간 | 추 | 리 | 다 | | 간 | 추 | 리 | 다 | |

⊙ **글을 따라 써 볼까요?**

| 간 | 추 | 린 | | 문 | 제 | 를 | | 풀 | 어 | | 봤 | 어 | 요 | |

간추리다 낱말을 넣어 짧은 글짓기를 해 볼까요? (예) 친구들 대화를 간추려서 정리했어요.

간추리다 :

더 해보아요

앞에서 공부한 낱말들을 떠올리며 문제를 풀어 볼까요?

1) 뜻을 읽으면서 네모 안의 낱말을 그대로 따라 써 볼까요?

(1)어떤 사실을 잘 이해할 수 있도록 하는 것. 설명

(2)경상북도 울릉군에 있는 바위로 이루어진 조그만 화산섬. 독도

(3)의지나 약속, 믿음이 매우 굳고 단단하다. 철석같이

(4)닥쳐올 일에 대하여 불안하고 초조하다. 조마조마

(5)서로 이야기를 주고받는 것. 대화

2) 뜻에 맞는 낱말을 (보기)에서 찾아 (   )에 써 볼까요?

보기 :   간추리다   조립하다   본뜨다   당황하다   접다

(1)여러 부품을 짜 맞추어 물건을 만들다. (   )

(2)글이나 말에서 중요한 내용만 간단하게 정리하다. (   )

(3)뜻밖의 일에 놀라서 어떻게 해야 할지 모르다. (   )

(4)무엇을 본으로 하여 그대로 흉내 내어 만들다. (   )

(5)천, 종이 따위를 구부려서 한쪽이 다른 쪽에 겹치게 하다. (   )

3) 문장에 어울리는 낱말을 (   ) 안에서 골라 O표 해 볼까요?

(1) 아빠가 선풍기 날개를 씻은 뒤에 다시 (조립 / 해체)했어요.

(2) 고양이 그림을 (본떠서 / 뭉개어서) 벽에 붙였어요.

(3) 거짓말을 했는데 들켜서 (당황 / 실수)했어요.

4) 문장에 어울리는 낱말을 (보기)에서 찾아 (   )에 써 볼까요?

보기 :   독도   대화   철석같이

(1)다시는 거짓말을 안 하겠다고 엄마와 (   ) 약속했어요.

(2)왜 일본은 우리 땅인 (   )를 자기네 땅이라고 우길까요?

(3)아빠는 틈만 나면 우리와 (   )를 하며 놀아줘요.

5) 밑줄 친 말과 바꾸어 쓸 수 있는 낱말은 무엇일까요? (   )

나는 힘든 일이 있으면 부모님과 <u>대화하며</u> 풀어요.

(1)화를 내며   (2)섭섭해 하며   (3)이야기를 하며   (4)떠들며   (5)수다를 떨며

6) 밑줄 친 낱말을 알맞게 사용한 친구에게 O표 해 볼까요?

(1)(   )   (2)(   )

*앞에서 배운 낱말 중에 잘 알고 있는 것에 O를 할까요?

(   )설명 (   )접다 (   )조립하다 (   )독도 (   )본뜨다
(   )철석같이 (   )당황하다 (   )조마조마 (   )대화 (   )간추리다

*오늘 있었던 일 중에서 낱말 두 가지를 정하여 짧은 글짓기를 해 볼까요?

(예) 동화책 : 형은 어려서부터 동화책을 엄청나게 읽었다고 자랑해요.

(1)

(2)

해답 : 2)(1)조립하다 (2)간추리다 (3)당황하다 (4)본뜨다 (5)접다 / 3)(1)조립 (2)본떠서 (3)당황 / 4)(1)철석같이 (2)독도 (3)대화 / 5)(3) / 6)(1)

6. 덧셈과 뺄셈(3)

낱말 뜻을 이해하고 낱말의 쓰임을 완벽하게 익혀볼까요?

수학 교과서 어휘
수록 교과서 수학 1-2

권

(뜻) : 책이나 공책을 세는 말.
(교과서 예문) 나는 옛날이야기 책 8권을 읽었어.

◉ 낱말을 따라 써 볼까요?

권	권	권	권	권	권	권	권

◉ 글을 따라 써 볼까요?

내	가	읽	은	책	은	몇	권	일	까	요

권 낱말을 넣어 짧은 글짓기를 해 볼까요? (예) 우리 집에는 동화책이 백 권도 넘어요.

권 :

모두

(뜻) : 여럿을 한데 합쳐 놓은 수나 양.
(교과서 예문) 우리가 읽은 책은 모두 권일까?

◉ 낱말을 따라 써 볼까요?

모	두	모	두	모	두	모	두	모	두	

◉ 글을 따라 써 볼까요?

우	리	모	두	힘	차	게	응	원	했	어	요

모두 낱말을 넣어 짧은 글짓기를 해 볼까요? (예) 우리 모두 이긴 팀에게 큰 박수를 보냈어요.

모두 :

수만큼 (뜻) : 셀 수 있는 물건의 수량을 나타내는 말.
(교과서 예문) 가져온 공깃돌 수만큼 △를 그려 구할 수 있어요.

◉ 낱말을 따라 써 볼까요?

| 수 | 만 | 큼 | | 수 | 만 | 큼 | | 수 | 만 | 큼 | | 수 | 만 | 큼 |

◉ 글을 따라 써 볼까요?

| 나 | 이 | | 수 | 만 | 큼 | | 과 | 자 | 를 | | 먹 | 었 | 어 | 요 |

수만큼 낱말을 넣어 짧은 글짓기를 해 볼까요? (예) 애들이 모인 수만큼 초콜릿을 나눠주었어요.

수만큼 :

계산 (뜻) : 수를 세거나 더하기, 빼기, 곱하기, 나누기 등의 셈을 하는 것.
(교과서 예문) 어떻게 계산했는지 친구와 함께 이야기해 볼까?

◉ 낱말을 따라 써 볼까요?

| 계 | 산 | | 계 | 산 | | 계 | 산 | | 계 | 산 | | 계 | 산 |

◉ 글을 따라 써 볼까요?

| 물 | 건 | 을 | | 사 | 고 | | 계 | 산 | 을 | | 했 | 어 | 요 |

계산 낱말을 넣어 짧은 글짓기를 해 볼까요? (예) 누나는 계산을 아주 빨리 해요.

계산 :

결과 (뜻) : 어떤 원인 때문에 생긴 일이나 그 상태.
(교과서 예문) 나의 덧셈 결과를 친구와 비교해 봐.

◉ 낱말을 따라 써 볼까요?

| 결 | 과 | | 결 | 과 | | 결 | 과 | | 결 | 과 | | 결 | 과 |

◉ 글을 따라 써 볼까요?

| 형 | 의 | | 합 | 격 | 은 | | 노 | 력 | 한 | | 결 | 과 | 예 | 요 |

결과 낱말을 넣어 짧은 글짓기를 해 볼까요? (예) 달리기를 열심히 했더니 결과가 아주 좋았어요.

결과 :

6. 덧셈과 뺄셈(3)

낱말 뜻을 이해하고 낱말의 쓰임을 완벽하게 익혀볼까요?

틀리다

(뜻) : 계산이나 답, 사실 등이 맞지 않다.
(교과서 예문) 문제의 답이 틀리면 원래 있던 자리로 돌아가요.

⊙ **낱말을 따라 써 볼까요?**

틀	리	다	틀	리	다	틀	리	다	틀	리	다

⊙ **글을 따라 써 볼까요?**

수	학		문	제	를		세		개		틀	렸	어	요

틀리다 낱말을 넣어 짧은 글짓기를 해 볼까요? (예) 친구가 뺄셈 답이 틀렸다고 알려주었어요.

틀리다 :

식

(뜻) : 숫자 계산을 위한 수식.
(교과서 예문) 덧셈 이야기를 식으로 나타내 봅시다.

⊙ **낱말을 따라 써 볼까요?**

식	식	식	식	식	식	식	식

⊙ **글을 따라 써 볼까요?**

뺄	셈	식	으	로		문	제	를		풀	었	어	요

식 낱말을 넣어 짧은 글짓기를 해 볼까요? (예) 뺄셈 덧셈 모두 식으로 풀어야 해요.

식 :

차근차근 (뜻) : 말이나 행동이 조리 있고 서두르지 않는 모양.
(교과서 예문) 차근차근, 우리는 안전 지킴이

◉ **낱말을 따라 써 볼까요?**

차	근	차	근		차	근	차	근		차	근	차	근	

◉ **글을 따라 써 볼까요?**

엄	마	가		차	근	차	근		설	명	했	어	요

차근차근 낱말을 넣어 짧은 글짓기를 해 볼까요? (예) 친구와 다툰 이유를 차근차근 이야기했어요.

차근차근 :

꽂다 (뜻) : 일정한 곳에 끼워 넣다.
(교과서 예문) 연우야, 책 번호에 맞게 책을 제대로 꽂으면 좋겠어.

◉ **낱말을 따라 써 볼까요?**

꽂	다		꽂	다		꽂	다		꽂	다		꽂	다	

◉ **글을 따라 써 볼까요?**

꽃	을		화	병	에		꽂	았	어	요			

꽂다 낱말을 넣어 짧은 글짓기를 해 볼까요? (예) 책장에 책을 번호 순서대로 꽂았어요.

꽂다 :

표지판 (뜻) : 사람들에게 알리려고 어떤 내용을 적거나 그려서 세워 놓은 판.
(교과서 예문) 안전 표지판을 어떻게 만들지 이야기해 봅시다.

◉ **낱말을 따라 써 볼까요?**

표	지	판		표	지	판		표	지	판		표	지	판

◉ **글을 따라 써 볼까요?**

안	전		표	지	판	을		만	들	었	어	요	

표지판 낱말을 넣어 짧은 글짓기를 해 볼까요? (예) 학교 앞 공사장에 안전 표지판이 서 있어요.

표지판 :

더 해보아요

앞에서 공부한 낱말들을 떠올리며 문제를 풀어 볼까요?

1) 뜻을 읽으면서 네모 안의 낱말을 그대로 따라 써 볼까요?

(1) 셀 수 있는 사물의 수량을 나타내는 말.　수만큼

(2) 수를 세거나 더하기, 빼기, 곱하기, 나누기 등의 셈을 하는 것.　계산

(3) 어떤 원인 때문에 생긴 일이나 그 상태.　결과

(4) 숫자 계산을 위한 수식.　식

(5) 사람들에게 알리려고 어떤 내용을 적거나 그려서 세워 놓은 판.　표지판

2) 문장에 어울리는 낱말을 ( ) 안에서 골라 O표 해 볼까요?

(1) 우리 집 책꽂이에는 동화책이 백 (권 / 개)도 넘게 꽂혀 있어요.

(2) 그동안 내가 읽은 책은 (약간 / 모두) 백 권도 넘어요.

(3) 슈퍼에서 물건을 샀는데 계산이 많이 (틀려서 / 맞아서) 깜짝 놀랐어요.

(4) 누나가 내가 뭘 잘못했는지 (사뿐사뿐 / 차근차근) 말해주었어요.

(5) 어버이날에 아빠 엄마 가슴에 카네이션을 (꽂아 / 꼿아)드렸어요.

3) 밑줄 친 낱말을 알맞게 사용한 친구에게 O표 해 볼까요?

(1) ( )　　(2) ( )

4) 문장에 어울리는 낱말을 (보기)에서 찾아 (   )에 써 볼까요?

보기 :   차근차근   모두   계산

(1)운동장에 모인 아이를 (   ) 합쳐도 백 명이 안 돼요.

(2)엄마가 채솟값을 (   )하고 슈퍼를 나왔어요.

(3)엄마가 바느질하는 방법을 (   ) 가르쳐주었어요.

5) 낱말의 뜻을 (보기)에서 찾아 사다리를 타고 내려간 곳에 기호를 쓸까요?

보기

㉠책이나 공책을 세는 말.   ㉡셀 수 있는 물건의 수량을 나타내는 말.

㉢숫자 계산을 위한 수식.   ㉣말이나 행동이 조리 있고 서두르지 않는 모양.

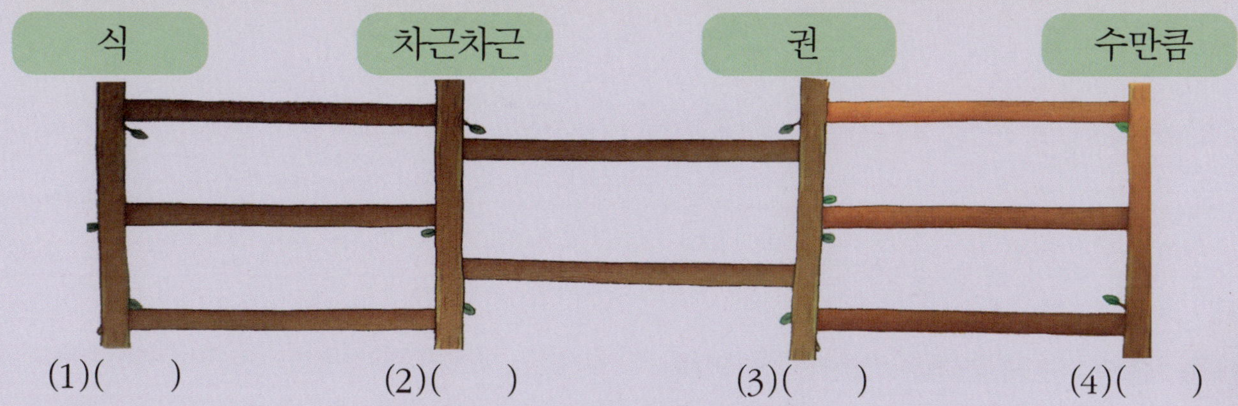

*앞에서 배운 낱말 중에 잘 알고 있는 것에 O를 할까요?

(   )권 (   )모두 (   )수만큼 (   )계산 (   )결과

(   )틀리다 (   )식 (   )차근차근 (   )꽂다 (   )표지판

*오늘 있었던 일 중에서 낱말 두 가지를 정하여 짧은 글짓기를 해 볼까요?

(예) 미끄럼틀 : 미끄럼틀을 신나게 타고 내려오면 저절로 환호성이 터져요.

(1)

(2)

해답 : 2)(1)권 (2)모두 (3)틀리다 (4)차근차근 (5)꽂아 / 3)(1) / 4)(1)모두 (2)계산 (3)차근차근 / 5)(1)㉢ (2)㉣ (3)㉠ (4)㉡

8. 느끼고 표현해요

낱말 뜻을 이해하고 낱말의 쓰임을 완벽하게 익혀볼까요?

국어 교과서 어휘
수록 교과서 교과서 국어 1-2㉯

쪽지

(뜻) : 어떤 내용을 적은 종잇조각.

(교과서 예문) 쪽지를 본 송이는 어떤 행동을 할까?

⊙ **낱말을 따라 써 볼까요?**

| 쪽 | 지 | | 쪽 | 지 | | 쪽 | 지 | | 쪽 | 지 | | 쪽 | 지 |

⊙ **글을 따라 써 볼까요?**

| 친 | 구 | 가 | | 접 | 은 | | 쪽 | 지 | 를 | | 주 | 었 | 어 | 요 |

쪽지 낱말을 넣어 짧은 글짓기를 해 볼까요? (예) 그 쪽지에는 전화번호가 적혀 있었어요.

쪽지 :

낭송하다

(뜻) : 크게 소리를 내어 글을 읽다.

(교과서 예문) 시 속 인물의 마음을 생각하며 낭송해 봐요

⊙ **낱말을 따라 써 볼까요?**

| 낭 | 송 | 하 | 다 | | 낭 | 송 | 하 | 다 | | 낭 | 송 | 하 | 다 |

⊙ **글을 따라 써 볼까요?**

| 친 | 구 | 는 | | 시 | | 낭 | 송 | 을 | | 참 | | 잘 | 해 | 요 |

낭송하다 낱말을 넣어 짧은 글짓기를 해 볼까요? (예) 국어 시간에 시 낭송을 했어요.

낭송하다 :

까닭 (뜻) : 어떤 일이 있게 된 사정이나 이유.
(교과서 예문) 브로콜리가 밤새도록 펑펑 운 까닭은 무엇인가요?

◉ 낱말을 따라 써 볼까요?

| 까 | 닭 | | 까 | 닭 | | 까 | 닭 | | 까 | 닭 | | 까 | 닭 | |

◉ 글을 따라 써 볼까요?

| 공 | 부 | 를 | | 방 | 해 | 할 | | 까 | 닭 | 이 | | 없 | 어 | 요 |

까닭 낱말을 넣어 짧은 글짓기를 해 볼까요? (예) 친구가 화를 내는 까닭을 모르겠어요.

까닭 :

감상하다 (뜻) : 예술 작품의 아름다움을 느끼고 즐기고 이해하다.
(교과서 예문) 어떤 인물이 등장하는지 생각하며 『요술 항아리』를 감상해 봅시다.

◉ 낱말을 따라 써 볼까요?

| 감 | 상 | 하 | 다 | | 감 | 상 | 하 | 다 | | 감 | 상 | 하 | 다 | |

◉ 글을 따라 써 볼까요?

| 눈 | 을 | | 감 | 고 | | 음 | 악 | 을 | | 감 | 상 | 했 | 어 | 요 |

감상하다 낱말을 넣어 짧은 글짓기를 해 볼까요? (예) 누나랑 영화 감상을 했어요.

감상하다 :

비슷하다 (뜻) : 거의 같다. 별로 차이가 없다.
(교과서 예문) 비슷한 경험을 떠올리며 『인사』를 읽어 봅시다.

◉ 낱말을 따라 써 볼까요?

| 비 | 슷 | 하 | 다 | | 비 | 슷 | 하 | 다 | | 비 | 슷 | 하 | 다 | |

◉ 글을 따라 써 볼까요?

| 친 | 구 | 와 | | 내 | | 성 | 격 | 이 | | 비 | 슷 | 해 | 요 |

비슷하다 낱말을 넣어 짧은 글짓기를 해 볼까요? (예) 형하고 내 얼굴이 비슷하게 생겼어요.

비슷하다 :

8. 느끼고 표현해요

낱말 뜻을 이해하고 낱말의 쓰임을 완벽하게 익혀볼까요?

들르다

(뜻) : 지나는 길에 잠깐 들어가 머물다.
(교과서 예문) 같이 가기 싫은데. 어디 들렀다 갈까.

⊙ **낱말을 따라 써 볼까요?**

들	르	다		들	르	다		들	르	다		들	르	다

⊙ **글을 따라 써 볼까요?**

학	원	에		들	렀	다		집	으	로		왔	어	요

들르다 낱말을 넣어 짧은 글짓기를 해 볼까요? (예) 책을 사려고 서점에 들렀어요.

들르다 :

우연히

(뜻) : 예상이나 기대하지 않았는데 뜻밖에.
(교과서 예문) 어느 겨울날, 여우와 늑대 아저씨는 우연히 골목길에서 마주쳤습니다.

⊙ **낱말을 따라 써 볼까요?**

우	연	히		우	연	히		우	연	히		우	연	히

⊙ **글을 따라 써 볼까요?**

길	에	서		우	연	히		친	구	를		봤	어	요

우연히 낱말을 넣어 짧은 글짓기를 해 볼까요? (예) 우연히 누가 버린 동화책을 주웠어요.

우연히 :

어색하다

(뜻) : 어떤 경우나 환경에 어울리지 못하고 불편하다.
(예문) 늑대는 여우 아저씨가 인사하자 어색해 했어요.

⊙ 낱말을 따라 써 볼까요?

| 어 | 색 | 하 | 다 | | 어 | 색 | 하 | 다 | | 어 | 색 | 하 | 다 | |

⊙ 글을 따라 써 볼까요?

| 새 | | 옷 | 이 | | 몹 | 시 | | 어 | 색 | 했 | 어 | 요 | |

어색하다 낱말을 넣어 짧은 글짓기를 해 볼까요? (예) 처음 만난 아이들이 많이 어색했어요.

어색하다 :

먼저

(뜻) : 시간으로나 또는 차례에 앞서서.
(교과서 예문) 인사해 주기를 기다리지 말고 먼저 인사하면 좋겠어.

.⊙ 낱말을 따라 써 볼까요?

| 먼 | 저 | | 먼 | 저 | | 먼 | 저 | | 먼 | 저 | | 먼 | 저 | |

⊙ 글을 따라 써 볼까요?

| 동 | 생 | | 먼 | 저 | | 잠 | 이 | | 들 | 었 | 어 | 요 | |

먼저 낱말을 넣어 짧은 글짓기를 해 볼까요? (예) 수학 먼저 공부하고 국어를 했어요.

먼저 :

정지

(뜻) : 움직이고 있던 것이 멎거나 그침.
(교과서 예문) 이야기의 한 장면을 정지 동작으로 표현하기

⊙ 낱말을 따라 써 볼까요?

| 정 | 지 | | 정 | 지 | | 정 | 지 | | 정 | 지 | | 정 | 지 | |

⊙ 글을 따라 써 볼까요?

| 버 | 스 | 가 | | 정 | 류 | 장 | 에 | | 정 | 지 | 했 | 어 | 요 |

정지 낱말을 넣어 짧은 글짓기를 해 볼까요? (예) 자동차가 횡단보도 앞에서 정지했어요.

정지 :

더 해보아요

앞에서 공부한 낱말들을 떠올리며 문제를 풀어 볼까요?

1) 뜻을 읽으면서 네모 안의 낱말을 그대로 따라 써 볼까요?

(1)어떤 내용을 적은 종잇조각.　쪽지

(2)어떤 일이 있게 된 사정이나 이유.　까닭

(3)예상이나 기대하지 않았는데 뜻밖에.　우연히

(4)시간으로나 또는 차례에 앞서서.　먼저

(5)움직이고 있던 것이 멎거나 그침.　정지

2) 문장에 어울리는 낱말을 (　) 안에서 골라 O표 해 볼까요?

(1)시인들이 시집을 들고 시 (낭송 / 방송)하는 모습을 보았어요.

(2)미술관에 가서 그림을 (조사 / 감상)했어요.

(3)누나와 나는 몸이 거의 (틀려서 / 비슷해서) 옷도 같이 입어요.

(4)학교가 끝나고 학원에 (들렀다 / 스쳤다) 집으로 왔어요.

(5)오늘 새로 입은 옷이 너무 (어색해서 / 초라해서) 불편했어요.

3) 밑줄 친 낱말을 틀리게 사용한 친구에게 O표 해 볼까요?

(1)(　　　)　　　(2)(　　　)　　　(3)(　　　)

4) 뜻에 알맞은 낱말이 되도록 (보기)에서 글자를 찾아 써 볼까요?

보기 :　닭　저　지　쪽

(1)어떤 내용의 글을 적은 종잇조각. ＝ [　] 지

(2)어떤 일이 있게 된 사정이나 이유. ＝ 까 [　]

(3)시간으로나 또는 차례에 앞서서. ＝ 먼 [　]

(4)움직이고 있던 것이 멎거나 그침. ＝ 정 [　]

5) 뜻에 알맞은 낱말을 글자판에서 찾아 묶고 (　　)에 써 볼까요?

들	우	먼	낭
르	연	저	송
다	히	색	하
비	슷	하	다

(낱말을 가로, 세로 방향으로 찾으면 되어요)

(1)지나는 길에 잠깐 들어가 머물다. (　　　　　)

(2)크게 소리를 내어 글을 읽다. (　　　　)

(3)예상이나 기대하지 않았는데 뜻밖에. (　　　　　)

(4)거의 같다.　별로 차이가 없다. (　　　　)

*앞에서 배운 낱말 중에 잘 알고 있는 것에 O를 할까요?

(　)쪽지 (　)낭송하다 (　)까닭 (　)감상하다 (　)비슷하다

(　)들르다 (　)우연히 (　)어색하다 (　)먼저 (　)정지

*오늘 있었던 일 중에서 낱말 두 가지를 정하여 짧은 글짓기를 해 볼까요?

(예) 전학 : 전학을 가야 해요. 친한 친구들과 헤어져야 해서 속상해요.

(1)

(2)

이야기

낱말 뜻을 이해하고 낱말의 쓰임을 완벽하게 익혀볼까요?

이야기 교과서 어휘
수록 교과서 이야기 1-2

소원

(뜻) : 어떤 일이 이루어지기를 바라는 것.
(교과서 예문) 지니에게 어떤 소원을 말하고 싶나요?

⊙ 낱말을 따라 써 볼까요?

| 소 | 원 | | 소 | 원 | | 소 | 원 | | 소 | 원 | | 소 | 원 | |

⊙ 글을 따라 써 볼까요?

| 엄 | 마 | | 소 | 원 | 은 | | 가 | 족 | | 건 | 강 | 이 | 래 | 요 |

소원 낱말을 넣어 짧은 글짓기를 해 볼까요? (예) 보름달을 보며 소원을 빌었어요.

소원 :

계획

(뜻) : 앞으로의 일을 자세히 생각하여 정하는 것.
(교과서 예문) 친구의 소원을 들어줄 계획을 세워 볼까요?

⊙ 낱말을 따라 써 볼까요?

| 계 | 획 | | 계 | 획 | | 계 | 획 | | 계 | 획 | | 계 | 획 |

⊙ 글을 따라 써 볼까요?

| 계 | 획 | 대 | 로 | | 잘 | | 안 | 되 | 어 | | 속 | 상 | 해 | 요 |

계획 낱말을 넣어 짧은 글짓기를 해 볼까요? (예) 일주일 계획을 짰어요.

계획 :

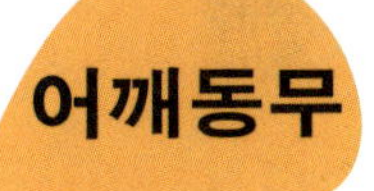 **어깨동무**

(뜻) : 서로 팔을 어깨에 얹고 나란히 서는 것. / 다른 뜻 : 비슷한 나이의 친한 동무.

(교과서 예문) 어깨동무하면서 불러 볼까?

⊙ **낱말을 따라 써 볼까요?**

| 어 | 깨 | 동 | 무 | | 어 | 깨 | 동 | 무 | | 어 | 깨 | 동 | 무 | |

⊙ **글을 따라 써 볼까요?**

| 친 | 해 | 지 | 면 | | 어 | 깨 | 동 | 무 | 가 | | 쉬 | 워 | 져 | 요 |

어깨동무 낱말을 넣어 짧은 글짓기를 해 볼까요? (예) 친구와 나는 어깨동무를 자주 해요.

어깨동무 :

어깨춤

(뜻) : 신이 나서 어깨를 올렸다 내렸다 하며 추는 춤.

(교과서 예문) 어깨춤을 추면서 노래를 불러야지.

⊙ **낱말을 따라 써 볼까요?**

| 어 | 깨 | 춤 | | 어 | 깨 | 춤 | | 어 | 깨 | 춤 | | 어 | 깨 | 춤 |

⊙ **글을 따라 써 볼까요?**

| 할 | 머 | 니 | 가 | | 어 | 깨 | 춤 | 을 | | 추 | 었 | 어 | 요 |

어깨춤 낱말을 넣어 짧은 글짓기를 해 볼까요? (예) 신나는 음악을 들으면 어깨춤이 추어져요.

어깨춤 :

속상하다

(뜻) : 마음이 매우 아프고 안타깝다.

(교과서 예문) 속상한 일이 있을 때 위로해 주는 친구

⊙ **낱말을 따라 써 볼까요?**

| 속 | 상 | 하 | 다 | | 속 | 상 | 하 | 다 | | 속 | 상 | 하 | 다 | |

⊙ **글을 따라 써 볼까요?**

| 너 | 무 | | 속 | 상 | 하 | 면 | | 눈 | 물 | 이 | | 나 | 와 | 요 |

속상하다 낱말을 넣어 짧은 글짓기를 해 볼까요? (예) 엄마가 아프니까 속상했어요.

속상하다 :

이야기

낱말 뜻을 이해하고 낱말의 쓰임을 완벽하게 익혀볼까요?

이야기 교과서 어휘
수록 교과서 이야기 1-2

무대

(뜻) : 연극 · 무용 · 음악 등을 공연하기 위해 관객 앞에 좀 높게 만들어 놓은 넓은 자리.
(교과서 예문) 함께 무대를 꾸며 봐

⊙ 낱말을 따라 써 볼까요?

| 무 대 | 무 대 | 무 대 | 무 대 | 무 대 |

⊙ 글을 따라 써 볼까요?

| 무 대 에 | 오 르 면 | 가 슴 이 | 뛰 어 요 |

무대 낱말을 넣어 짧은 글짓기를 해 볼까요? (예) 무대 위의 배우들이 멋졌어요.

무대 :

인형극

(뜻) : 인형을 가지고 하는 연극.
(교과서 예문) 친구들과 함께 인형극 무대를 꾸며 볼까요?

⊙ 낱말을 따라 써 볼까요?

| 인 형 극 | 인 형 극 | 인 형 극 | 인 형 극 |

⊙ 글을 따라 써 볼까요?

| 인 형 극 에 | 쓸 | 옷 을 | 준 비 했 어 요 |

인형극 낱말을 넣어 짧은 글짓기를 해 볼까요? (예) 친구들과 인형극을 하며 놀았어요.

인형극 :

공연

(뜻) : 연극 · 무용 · 음악 등을 사람들 앞에서 보이는 것.
(교과서 예문) 친구들과 인형극 공연을 해 볼까요?

◉ **낱말을 따라 써 볼까요?**

| 공 | 연 | | 공 | 연 | | 공 | 연 | | 공 | 연 | | 공 | 연 | |

◉ **글을 따라 써 볼까요?**

| 공 | 연 | 을 | | 자 | 주 | | 보 | 고 | | 싶 | 어 | 요 | |

공연 낱말을 넣어 짧은 글짓기를 해 볼까요? (예) 엄마를 따라 연극 공연장에 다녀왔어요.

공연 :

맞추다

(뜻) : 무엇을 어떤 기준에 맞게 하다.
(교과서 예문) 친구들과 줄을 맞춰 걸으며 놀아 볼까요?

◉ **낱말을 따라 써 볼까요?**

| 맞 | 추 | 다 | | 맞 | 추 | 다 | | 맞 | 추 | 다 | | 맞 | 추 | 다 |

◉ **글을 따라 써 볼까요?**

| 친 | 구 | 와 | | 발 | 을 | | 맞 | 춰 | | 뛰 | 었 | 어 | 요 |

맞추다 낱말을 넣어 짧은 글짓기를 해 볼까요? (예) 우리는 줄을 맞추어 걸어갔어요.

맞추다 :

맞잡다

(뜻) : 서로 상대의 손을 마주 잡다.
(교과서 예문) 친구와 손을 맞잡고 손 씨름을 해 볼까요?

◉ **낱말을 따라 써 볼까요?**

| 맞 | 잡 | 다 | | 맞 | 잡 | 다 | | 맞 | 잡 | 다 | | 맞 | 잡 | 다 |

◉ **글을 따라 써 볼까요?**

| 아 | 빠 | 랑 | | 손 | 을 | | 맞 | 잡 | 고 | | 웃 | 었 | 어 | 요 |

맞잡다 낱말을 넣어 짧은 글짓기를 해 볼까요? (예) 형과 나는 손을 맞잡고 다투지 않기로 약속했어요.

맞잡다 :

더 해보아요

앞에서 공부한 낱말들을 떠올리며 문제를 풀어 볼까요?

1) 뜻을 읽으면서 네모 안의 낱말을 그대로 따라 써 볼까요?

(1)앞으로의 일을 자세히 생각하여 정하는 것.　계획

(2)서로 팔을 어깨에 얹고 나란히 서는 것.　어깨동무

(3)연극·무용·음악 등을 공연하기 위해 관람석 앞에 좀 높게 마련한 넓은 자리.　무대

(4)인형을 가지고 하는 연극.　인형극

(5)연극·무용·음악 등을 사람들 앞에서 해 보이는 것.　공연

2) 문장에 어울리는 낱말을 (　) 안에서 골라 O표 해 볼까요?

(1)우리 가족이 건강하게 지내는 것이 내 (소원 / 생각)이에요.

(2)신나는 음악이 나오면 저절로 (헛웃음 / 어깨춤)이 나와요.

(3)동생이 자꾸 약을 올리니까 (억울해서 / 속상해서) 울었어요.

(4)친구와 함께 곡에 (힘주어 / 맞추어) 노래를 했어요.

(5)친구와 나는 두 손을 (때리며 / 맞잡고) 이야기를 나누었어요.

3) 밑줄 친 낱말과 뜻이 비슷한 말은 무엇일까요? (　)

(1)실망스러워　　(2)불쌍해

(3)가엾어　　(4)화가 나

(5)미워져

4) 밑줄 친 낱말의 쓰임이 알맞으면 O표, 알맞지 않으면 X표를 해 볼까요?

(1) 우리는 공연이 끝난 뒤에 매표소에 가서 표를 샀어요. (　　　)

(2) 나는 어른이 되면 뛰어난 과학자가 되는 것이 소원이죠. (　　　)

(3) 친구는 음악만 나오면 들썩들썩 어깨춤으로 애들을 약올려요. (　　　)

(4) 동생이 피자를 다 먹으려고 욕심을 부리니까 속상해서 울었어요. (　　　)

(5) 꽃 이름을 맞추기가 참 어려워요. (　　　)

5) 문장에 맞는 낱말을 (보기)에서 찾아 (　　　)에 써 볼까요?

> 보기 :　　어깨동무　　　무대　　　인형극

(1)친구들과 함께 인형극 (　　　　　,)를 꾸몄어요.

(2)(　　　　　)은 인형으로 연극을 해요.

(3)친한 아이들끼리 (　　　　　)를 하고 걸어가고 있어요.

＊앞에서 배운 낱말 중에 잘 알고 있는 것에 O를 할까요?

(　　)소원 (　　)계획 (　　)어깨동무 (　　)어깨춤 (　　)속상하다
(　　)무대 (　　)인형극 (　　)공연 (　　)맞추다 (　　)맞잡다

＊오늘 있었던 일 중에서 낱말 두 가지를 정하여 짧은 글짓기를 해 볼까요?

(예) 짜장면 : 아빠가 쟁반 짜장면을 사주셨어요. 얼마나 맛있었는지 말도 못해요.

(1)

----

(2)

받아쓰기를 해보아요

앞에서 배운 단어를 떠올리며 맞는 낱말에 O표를 하고 문장을 따라 써 볼까요?

1) 나는 친구하고 한 약속을 (철석같이 / 철썩같이) 믿었어요.

2) 꽃을 화병에 (꽂았더니 / 꽃았더니) 집안이 환했어요.

3) 학교에서 어린이 시 (낭송 / 랑송)을 했어요.

4) 집에 오기 전에 학원을 (들르면 / 들으면) 많이 피곤해요.

5) 엄마는 이번 주 (계획 / 개획)에 외가 방문이 있다고 하셨어요.

6) 언니가 중학교에 입학해서 교복을 (마추었어요 / 맞추었어요).

7) 친구와 나는 손을 (맞잡고 / 마짭고) 이야기를 나누었어요.

8) 형이 그린 그림을 그대로 (본뜨고 / 본트고) 색칠을 했어요.

9) 강아지가 갑자기 짖어서 몹시 (당황했어요 / 당항했어요).

10) 내용을 (간추리고 / 간추이고) 정리를 했어요.

〈어린왕자와 사막여우를 만나러 가요〉

*동화를 소리 내어 읽으며 앞에서 배운 낱말을 　　　 안에 써 볼까요?

사막여우의 　소원　 이 이뤄졌어요. 다시 한국에 놀러 왔거든요.

"고마워. 언제부터 세운 　계획　 이야? 한국 간다고 왜 미리 말 안 했어?"

사막여우는 좋아서 펄쩍펄쩍 뛰었어요. ㉠어린왕자는 마음이 　조마조마　

했어요. 사막여우는 너무 들뜨면 엉뚱한 짓을 하거든요.

많은 사람이 지나가면서 어린왕자와 사막여우를 구경했어요.

어린왕자는 　우연히　 　표지판　 하나를 발견했어요.

'시 낭송을 해 보고 싶지 않나요?' 표지판에는 그렇게 쓰여 있어요.

"시를 낭송하고 　감상　 하는 곳인가 봐."

사막여우가 달려갔어요. 어린왕자도 　먼저　 달려간 사막여우를 따라갔

고요.

입구에서 어떤 누나가 　쪽지　 를 주었어요.

"낭송하고 싶은 시의 제목을 여기에 적어요. 맛있는 식당 이용권을 드려요."

누나는 　차근차근　 시 낭송 방법을 　설명　 했어요.

안으로 들어가 보니 사람들이 시 낭송을 하고 있었어요.

"　독도　 는 우리의 땅이고 영원한 등불입니다!"

"어머니는 나를 　철석같이　 믿어주셨고 나는 그 믿음을 먹고 자라며

어른이 되었습니다."

사람들은 차례대로 나와서 대화 하듯이 시를 읊었어요.

모두 대단했어요.

이제 어린왕자 차례예요. 어린왕자는 목청을 가다듬고 시를 읊었어요.

"고향은 향기예요. 세상에서 가장 향긋한 향기예요. 똥 냄새도 향기로워요."

어린왕자의 시를 듣던 사람들이 와하하 웃음을 터뜨렸어요.

그런데 갑자기 사막여우가 뛰어나갔어요.

어린왕자가 얼른 사막여우를 쫓아갔어요.

"너는 안 할 거야? 다음이 네 차례잖아."

"부끄러워서. 나는 너처럼 잘할 자신이 없어. 아마 쪽지를 보고도 틀리게
 읽을 거야."

어린왕자는 어이가 없었지만 사막여우를 이해하기로 했어요.

"내가 미안하니까 앞으로는 네 말을 잘 들을게."

사막여우가 진심으로 사과했어요.

ⓛ"괜찮아. 네가 불편하면 나도 불편해. 그러니까 너무 걱정하지 마."

"고마워, 어린왕자야! 네가 화내면 어쩌나 걱정했거든!"

둘은 어깨동무하고 깡충깡충 뛰어갔어요.

맛있는 식당 이용권이 아깝기는 해요. 그래도 괜찮아요. 더 신나는 일이 기
다리고 있을 테니까요.

(나도 작가) 여러분이 그다음 이야기를 지어 볼까요?

사막여우 :

어린왕자 :

<h1>〈독해 실력이 쑥쑥쑥〉</h1>

◉어린왕자와 사막여우 동화로 독해 실력을 높여 볼까요?

1) ㉠에서 어린왕자는 왜 마음이 조마조마했나요? (   )

(1)사막여우가 너무 들떠서 엉뚱한 짓을 할까 봐

(2)사막여우가 물구나무를 서면서 장난을 쳐서

(3)엉뚱한 짓을 하면서 사람들을 괴롭혀서

(4)사람들이 눈살을 찌푸리게 소리를 질러서

(5)사람들의 관심을 끌려고 해서

2) 어린왕자가 사막여우를 배려한 것이 아닌 것을 골라 볼까요? (   )

(1)한국에 가고 싶어 하는 사막여우의 소원을 들어주었다.

(2)시 낭송하는 곳을 들렀다 가자고 한 말을 들어주었다.

(3)시 낭송을 하기 싫은 사막여우의 마음을 이해하기로 했다.

(4)미안하다는 사막여우의 사과를 받아주었다.

(5)놀이공원으로 빨리 가자고 사막여우를 이끌었다.

3) 글 내용에 대한 설명으로 맞는 것을 골라 볼까요? (   )

(1)어린왕자는 사막여우의 의견을 존중한다.

(2)사막여우는 어린왕자에게 고마워할 줄을 모른다.

(3)사막여우는 어린왕자에게 항상 제멋대로 행동한다.

(4)어린왕자는 사막여우의 행동을 받아주기가 싫다.

(5)어린왕자는 사막여우의 행동이 모두 못마땅하다.

(해답) 1)(1) / 2)(5) / 3)(1)

◉어린왕자와 사막여우 동화로 문해 실력을 높여 볼까요?

1) 글에 나오는 사막여우의 성격이 아닌 것을 골라 볼까요? (　　)

(1)부끄러움이 많다.

(2)호기심이 많다.

(3)앞으로 나서는 것을 두려워한다.

(4)어린왕자가 속상해할까 봐 걱정한다.

(5)뭐든 제멋대로 행동한다.

2) 글에 나오는 어린왕자의 성격이 아닌 것을 골라 볼까요? (　　)

(1)사막여우를 많이 배려한다.

(2)사막여우를 몹시 미워한다.

(3)무슨 일이든 열심히 한다.

(4)사막여우의 마음을 잘 헤아린다.

(5)사막여우의 사과를 받아줄 줄 안다.

3) ㉡에서 어린왕자가 그렇게 말한 이유는 무엇일까요? (　　)

(1)사막여우가 진심으로 미안해해서

(2)화를 내봤자 소용없어서

(3)더 좋은 데를 간다니까 화가 풀려서

(4)늘 당한 일이라서

(5)피곤해서

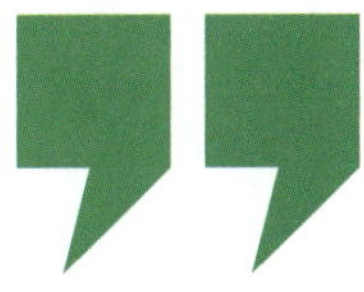

칭 찬 상

_____초등학교

___학년___반

이름 _______

나는 『어휘 방망이로 문해력을 뚝딱』
1단계 2 과정을 즐겁게 공부한
멋진 어린이입니다.
앞으로도 어휘력·독해력·문해력·
박사가 되도록 노력할 것입니다.
지금의 노력이 오랫동안 이어지기를
바라며 이 상을 주어 칭찬합니다.

년   월   일

나의 노력으로 멋진 미래를 기대하며 (사 인   )

교과서 어휘
찾아보기

초등 1학년 2학기(1단계 2)에 수록된 어휘들을
과목별로 나누어 순서대로 정리하였습니다.

차례

국어 교과서 어휘 140~141페이지
수학 교과서 어휘 142페이지
하루 · 약속 · 상상 · 이야기 교과서 어휘 143페이지

국어 교과서 어휘

ㄱ

간추리다 ·········· 111
감동적 ·········· 59
감상하다 ·········· 121
경주 ·········· 90
경험 ·········· 44
겹받침 ·········· 25
공통 ·········· 25
관람하다 ·········· 24
관심 ·········· 76
그림일기 ·········· 47
글쓴이의 생각 ·········· 26
기분을 나타내는 말 ·········· 13
기억 ·········· 46
까닭 ·········· 121

ㄴ

낭송하다 ·········· 120

ㄷ

당황하다 ·········· 110
대단하다 ·········· 26
대화 ·········· 111
독도 ·········· 109
독서 ·········· 79
들르다 ·········· 122

등장인물 ·········· 59
땋다 ·········· 90
또박또박 ·········· 45

ㅁ

마음 ·········· 13
말끝 ·········· 45
먼저 ·········· 123
몸짓 ·········· 59

ㅂ

바뀌다 ·········· 13
박물관 ·········· 24
반대말 ·········· 91
발견 ·········· 88
발명 ·········· 88
방법 ·········· 15
방향 ·········· 77
백성 ·········· 77
번갈아 ·········· 91
본뜨다 ·········· 109
비슷하다 ·········· 121
뿌듯하다 ·········· 14

ㅅ

새하얗다 ·········· 91
생각하다 ·········· 56
서두르다 ·········· 57
설명 ·········· 108
세종대왕 ·········· 78
솔직하다 ·········· 14
시간을 나타내는 말 ·········· 57
신기하다 ·········· 56

ㅇ

어색하다 ·········· 123
여럿 ·········· 46
역할놀이 ·········· 15
우연히 ·········· 122
위대하다 ·········· 89
인물 ·········· 26
일회용품 ·········· 89

ㅈ

자유롭다 79
작은따옴표 58
접다 108
정지 123
정하다 15
제대로 44
제목 26
조립하다 109
조마조마 111
주말 45
짐작하다 26
쪽지 120

ㅊ

차례대로 47
채우다 25
철석같이 110
추천하다 79

ㅋ

큰따옴표 57

ㅌ

평소 12

ㅎ

한자 78
함께 89
해당 47
행동 58
획 77
흉내 내는 말 12
흥미 76

수학 교과서 어휘

ㄱ

가리키다	53
결과	115
계산	115
구십, 아흔	19
권	114
규칙	84
긴바늘	53
꽂다	117
꾸미다	84

ㄴ

남김없이	82

ㄷ

덜다	21
동그라미	51

ㅁ

모두	114
모형	52

ㅂ

반복	85
백	19

ㅅ

생활	85
세 수	21
세모	51
수만큼	115
스스로	50
시	51
시각	52
식	116
쌓다	21

ㅇ

옮기다	83
육십, 예순	18

ㅈ

줄이다	82
지키다	50
짝수	20
짧은바늘	53

ㅊ

차	83
차근차근	117
체험	85
칠십, 일흔	18

ㅌ

틀리다	116

ㅍ

팔십, 여든	19
표지판	117

ㅎ

합	83
홀수	20

하루 · 약속 · 상상 · 이야기 교과서 어휘

ㄱ

거꾸로 (상상) …… 96

거르다 (하루) …… 32

건강하다 (하루) …… 31

계획 (이야기) …… 126

골고루 (하루) …… 33

공연 (이야기) …… 129

괜스레 (상상) …… 96

권리 (약속) …… 62

꾸준하다 (하루) …… 32

ㄴ

노랫말 (하루) …… 31

ㄷ

단단하다 (상상) …… 95

독차지 (상상) …… 97

동그랗다 (상상) …… 95

딱딱하다 (상상) …… 95

뜨다 (하루) …… 30

ㅁ

마무리 (하루) …… 33

막무가내 (상상) …… 97

맞잡다 (이야기) …… 129

맞추다 (이야기) …… 129

무대 (이야기) …… 128

ㅂ

배려하다 (약속) …… 63

변신 (상상) …… 97

분리배출 (약속) …… 63

ㅅ

소원 (이야기) …… 126

소중하다 (하루) …… 33

속상하다 (이야기) …… 127

ㅇ

안전 수칙 (약속) …… 65

어깨동무 (이야기) …… 127

어깨춤 (이야기) …… 127

얼마든지 (상상) …… 94

에너지 (약속) …… 63

인형극 (이야기) …… 128

ㅈ

존중하다 (약속) …… 65

지다 (하루) …… 31

ㅊ

차별 (약속) …… 62

ㅌ

태어나다 (상상) …… 94

ㅍ

평화 (약속) …… 64

폭력 (약속) …… 65

ㅎ

하루 (하루) …… 30

환경 보호 (약속) …… 64

생각디딤돌 창작교실

생각디딤돌 창작교실은 소설가 · 동화작가 · 시인 · 수필가 · 역사학자 · 교수 · 교사 들이 참여하는 창작 공간입니다.

주로 국내 창작 위주의 책을 기획하며 우리나라 어린이들이 외국의 정서에 앞서 우리 고유의 정서를 먼저 배우고 익히기를 소원하는 작가들의 모임입니다.
『마법의 맞춤법 띄어쓰기(전8권)』『마법의 속담 따라 쓰기(전4권)』『마법의 사자소학 따라 쓰기(전2권)』『마법의 탈무드 따라 쓰기(전2권)』 등을 펴냈습니다.

문학나무 편집위원회 감수

문학나무 편집위원회는 소설가 윤후명 선생님을 비롯한 많은 소설가, 시인, 평론가 등이 활동하며 문예지 〈문학나무〉를 발간하고 있습니다.

동리문학원 감수

동리문학원은 소설가 황충상 원장님이 이끌어가는 창작 교실로 우리나라의 많은 문학 작가들의 활동 무대입니다.

집필 이종은

소설가 · 동화작가

집필 신희천

교육개발원 중등 국어 집필 및 심의위원(전)

어휘 방망이로 문해력을 뚝딱
1단계 2

초판 1쇄 발행 / 2025년 06월 20일
초판 1쇄 인쇄 / 2025년 06월 25일

집　　필 ── 이종은 신희천
감　　수 ── 문학나무편집위원회, 동리문학원
펴낸이 ── 이영애
펴낸곳 ── 도서출판 생각디딤돌
　　　　　　출판등록 2009년 3월 23일 제135-95-11702
　　　　　　전화 070-7690-2292　팩스 02-6280-2292

ISBN　979-11-993205-1-2(64710)
　　　　979-11-993205-0-5(세트)

ⓒ생각디딤돌